Sur la vie chrétienne

Institution de la religion chrétienne, Livre III, Chap. VI-X

Jean Calvin

Alicia Editions

Table des matières

1. De la vie de l'homme chrestien : et premièrement quels sont les argumens de l'Escriture pour nous y exhorter.   1
2. La somme de la vie chrestienne ; où il est traitté de renoncer à nous-mesmes.   12
3. De souffrir patiemment la croix, qui est une partie de renoncer à nous-mesmes.   37
4. De la méditation de la vie avenir.   58
5. Comment il faut user de la vie présente, et ses aides.   73
   Citations bibliques   85

Les chapitres qui suivent sont extraits de l'*Institution de la Religion Chrétienne* dans son édition de 1859 par Ch. Meyrueis. Les citations bibliques reportées à la fin de cet ouvrage sont quant à elles issues de la Bible Darby.

Chapitre 1
De la vie de l'homme chrestien : et premièrement quels sont les argumens de l'Escriture pour nous y exhorter.

Nous avons dit que le but de nostre régénération est, qu'on apperçoive en nostre vie une mélodie et accord entre la justice de Dieu et nostre obéissance : et que par ce moyen nous ratifiions l'adoption, par laquelle Dieu nous a acceptez pour ses enfans. Or combien que la Loy de Dieu contiene en soy ceste nouveauté de vie, par laquelle son image est réparée en nous, toutesfois pource que nostre tardiveté a besoin de beaucoup d'aiguillons et d'aides, il sera utile de recueillir de divers passages de l'Escriture, la façon de bien reigler nostre vie, afin que ceux qui désirent de se convertir à Dieu, ne s'esgarent en affection inconsidérée. Or entreprenant à former la vie de l'homme chrestien, je n'ignore pas que je n'entre en une matière ample et diverse, et laquelle pourroit remplir un grand volume, si je la vouloye bien poursuyvre au long. Car nous voyons combien sont prolixes les exhortations des anciens Docteurs, quand ils ne traitent que de quelque vertu en particulier. Ce qui ne procède point de trop grand babil. Car quelque vertu qu'on propose de louer et recommande, l'abondance de la matière fera qu'il ne semblera pas advis qu'on en ait bien disputé, sinon qu'on y ait employé beaucoup de paroles. Or mon intention n'est pas d'estendre la doctrine de vie que je veux baille, jusques-là que d'y déclairer particulièrement une chacune vertu, et de faire longues exhortations. On pourra prendre cela des livres des autres, et principalement des Homélies des anciens Docteurs, c'est-à-dire sermons populaires. Il me suffira de monstrer quelque ordre, par lequel l'homme chrestien soit conduit et addressé à un droict but de bien ordonner sa vie. Je me contenteray, di-je, de monstrer briefvement une reigle générale, à laquelle il puisse référer toutes ses actions. Nous aurons possible quelquesfois l'opportunité de faire telles déductions qu'il y en a aux sermons des anciens Docteurs : l'œuvre que nous avons en main, requiert que nous comprenions une simple doctrine, en la plus grande briefveté qu'il sera possible. Or comme les philosophes ont quelques fins d'honnesteté et droicture, dont ils déduisent les offices particuliers et tous actes de vertu : aussi l'Escriture en cest endroict a sa manière de faire, laquelle est beaucoup meilleure et plus certaine que celle des philosophes. Il y a seulement ceste différence, qu'iceux, selon qu'ils estoyent pleins d'ambition, ont affecté une apparence la plus notable qu'ils pouvoyent, pour donner lustre à l'ordre et disposition dont ils usoyent afin de monstrer leur subtilité. Au contraire, le sainct Esprit, pource qu'il enseignoit sans affectation et sans pompe, n'a pas tousjours observé ne si estroitement certain ordre et méthode : néantmoins puis qu'il en use aucunesfois, il nous signifie que nous ne le devons mespriser.

Or cest ordre de l'Escriture duquel nous parlons, consiste en deux parties. L'une est d'imprimer en nos cœurs l'amour de justice, à laquelle nous ne sommes nullement enclins de nature. L'autre, de nous donner certaine reigle, laquelle ne nous laisse point errer çà et là, ni esgarer en instituant nostre vie. Quant est du premier point, l'Escriture a beaucoup de très-bonnes raisons pour encliner nostre cœur à aimer le bien : desquelles nous en avons noté plusieurs en divers lieux, et en toucherons encores d'aucunes yci. Par quel fondement pouvoit-elle mieux commencer, qu'en admonestant qu'il nous faut estre sanctifiez, d'autant que nostre Dieu est sainct ᴸᵉᵛ·¹⁹·¹⁻² ; ¹ᴾⁱ·¹·¹⁶ ? adjoustant la raison, que comme ainsi soit que nous fussions espars comme brebis esgarées et dispersées par le labyrinthe de ce monde, il nous a recueillis pour nous assembler avec soy. Quand nous oyons qu'il est fait mention de la conjonction de Dieu avec nous, il nous doit souvenir que le lien d'icelle est saincteté. Non pas que par le mérite de nostre saincteté nous venions à la compagnie de nostre Dieu, veu qu'il nous faut premièrement que d'estre saincts, adhérer à luy, afin qu'il espande de sa saincteté sur nous, pour nous faire suyvre là où il nous appelle : mais à cause que cela appartient à sa gloire, qu'il n'ait nulle accointance avec iniquité et immondicité, il nous luy faut ressembler, puis que nous sommes siens. Pourtant l'Escriture nous enseigne ceste estre la fin de nostre vocation, à laquelle nous avons tousjours à regarder, si nous voulons respondre à nostre Dieu. Car quel mestier estoit-il que nous fussions délivrez de l'ordure et pollution en laquelle nous estions plongez, si nous voulons toute nostre vie nous veautrer en icelle ? D'avantage elle nous admoneste que si nous voulons estre en la compagnie du peuple de Dieu, il nous faut habiter en Jérusalem sa saincte cité ^(Psa.24.3). Laquelle comme il l'a consacrée et dédiée à son honneur, aussi il n'est licite qu'elle soit contaminée et polluée par des habitans immondes et profanes. Dont vienent ces sentences, que celuy qui cheminera sans macule, et s'appliquera à bien vivre, habitera au tabernacle du Seigneur : pource qu'il n'est point convenable que le sanctuaire auquel il habite, soit infecté d'ordures comme une estable ^(Psa.15.2 ; Esa.35.8).

D'avantage, pour nous plus esmouvoir, elle nous remonstre que comme Dieu s'est réconcilié à nous en son Christ : aussi il nous a constituez en luy comme un exemple et patron auquel il nous faut conformer ^(Rom.6.18). Que ceux qui estiment qu'il n'y a que les philosophes qui ayent bien et deuement traitté la doctrine morale, me monstrent une aussi bonne traditive en leurs livres, que celle que je vien de réciter. Quand ils nous veulent de tout leur pouvoir exhorter à vertu, ils n'ameinent autre chose, sinon que nous vivions comme il est convenable à nature. L'Escriture nous meine bien en une meilleure fontaine d'exhortation, quand non-seulement elle nous commande de rapporter toute nostre vie à Dieu, qui en est l'autheur : mais après nous avoir advertis que nous avons dégénéré de la vraye origine de nostre création, elle adjouste que Christ nous réconciliant à Dieu son Père, nous est donné comme un exemple d'innocence, duquel l'image doit estre représentée en nostre vie. Que sçauroit-on dire plus véhément, et de plus grande efficace ? Et mesmes qu'est-ce qu'on requerroit d'avantage ? Car si Dieu nous adopte pour ses enfans à ceste condition, que l'image de Christ apparoisse en nostre vie : si nous ne nous adonnons à justice et saincteté, non-seulement nous abandonnons nostre Créateur par une desloyauté trop lasche, mais aussi nous le renonçons pour Sauveur. Conséquemment l'Escriture prend matière de nous exhorter, de tous les bénéfices de Dieu, et toutes les parties de nostre salut : comme quand elle dit, Puisque Dieu s'est donné à nous pour Père, nous sommes à rédarguer d'une lasche ingratitude, si nous ne nous portons comme ses enfans $^{Mal.1.6}$, Puis que Christ nous a purifiez par le lavement de son sang, et nous a communiqué ceste purification par le Baptesme, il n'y a ordre que nous nous souillions en nouvelle ordure $^{Eph.5.26\ ;\ Héb.10.10\ ;\ 1Cor.6.11\ ;\ 1Pi.1.15,\ 19}$. Puis qu'il nous a associez et entez en son corps, il nous faut soigneusement garder que nous ne nous contaminions aucunement, veu que nous sommes ses membres $^{1Cor.6.15\ ;\ Jean.15.3\ ;\ Eph.5.23}$. Puis que luy qui est nostre chef, est monté au ciel, il nous convient de nous démettre de toute affection terrienne, pour aspirer de tout nostre cœur à la vie céleste ^(Col.3.1-2). Puis que le sainct Esprit nous consacre pour estre temples de Dieu, il nous faut mettre peine que la gloire de Dieu soit exaltée en nous, et nous donner garde de recevoir quelque pollution ^(1Cor.3.16 ; 2Cor.6.16). Puis que nostre âme et nostre corps sont destinez à l'immortalité du royaume de Dieu, et à la couronne incorruptible de sa gloire, il nous faut efforcer de conserver tant l'un comme l'autre pur et immaculé jusques au jour du Seigneur ^(1Thess.5.23). Voylà les bons fondemens et propres, pour bien constituer nostre vie : ausquels on n'en trouvera point de semblables en tous les philosophes. Car ils ne montent jamais plus haut, que d'exposer la dignité naturelle de l'homme, quand il est question de luy monstrer quel est son devoir.

Il me faut yci addresser ma parole à ceux lesquels n'ayans rien de Christ sinon le tiltre, veulent néantmoins estre tenus pour Chrestiens. Mais quelle hardiesse est-ce à eux, de se glorifier de son sacré Nom, veu que nul n'a accointance à luy, sinon celuy qui l'a droictement cognu par la parole de l'Evangile ? Or sainct Paul nie qu'un homme en ait receu droicte cognoissance, sinon qu'il ait apprins de despouiller le vieil homme qui se corrompt en désirs désordonnez, pour estre vestu de Christ ^{Eph.4.20-24}. Il appert doncques que c'est à fausses enseignes que telle manière de gens prétendent la cognoissance de Christ : et luy font en cela grande injure, quelque beau babil qu'il y ait en la langue. Car ce n'est pas une doctrine de langue que l'Evangile, mais de vie : et ne se doit pas seulement comprendre d'entendement et mémoire, comme les autres disciplines, mais doit posséder entièrement l'âme, et avoir son siège et réceptacle au profond du cœur : autrement il n'est pas bien receu. Parquoy ou qu'ils s'abstienent de se vanter avec l'opprobre de Dieu, d'estre ce qu'ils ne sont pas : ou qu'ils se monstrent disciples de Christ. Nous avons bien donné le premier lieu à la doctrine, en matière de religion, d'autant qu'icelle est le commencement de nostre salut : mais il faut aussi que pour nous estre utile et fructueuse, elle entre du tout au dedans du cœur, et monstre sa vertu en nostre vie : voire mesmes qu'elle nous transforme en sa nature. Si les philosophes ont bonne cause de se courroucer contre ceux lesquels font profession de leur art, qu'ils appellent Maistresse de vie, et ce pendant le convertissent en un babil sophistique : combien avons-nous meilleure raison de détester ces babillars, lesquels se contentent d'avoir l'Evangile au bec, le mesprisant en toute leur vie ? veu que l'efficace d'iceluy devroit pénétrer au profond du cœur, estre enracinée en l'âme cent mille fois plus que toutes les exhortations philosophiques, lesquelles n'ont pas grande vigueur au pris.

Je ne requier pas que les mœurs de l'homme chrestien ne soyent que pur et parfait Evangile : combien que cela soit à désirer, et se faut efforcer de le faire : toutesfois je ne requier point tant estroitement et avec si grande rigueur une perfection évangélique, que je ne vueille recognoistre pour Chrestien, sinon celuy qui aura atteint à icelle. Car par ce moyen tous hommes du monde seroyent exclus de l'Eglise : veu qu'on n'en trouvera pas un qui n'en soit encores bien loing, jà soit qu'il ait bien proufité, et la pluspart n'est encores guères advancée : et toutesfois pour cela ne les faut point rejetter. Quoy doncques ? Certes il nous faut avoir ce but devant nos yeux, auquel toutes nos actions soyent compassées : c'est de tendre à la perfection que Dieu nous commande. Il nous faut, di-je, efforcer et aspirer de venir là. Car ce n'est pas chose licite que nous partissions avec Dieu, en recevant une partie de ce qui nous est commandé en sa Parole, et laissant l'autre derrière à nostre fantasie. Car il nous recommande tousjours en premier lieu, intégrité : par lequel mot il signifie une pure simplicité de cœur, laquelle soit vuide et nette de toute feintise, et laquelle soit contraire à double cœur, comme s'il estoit dit que le chef de bien vivre est spirituel, quand l'affection intérieure de l'âme s'adonne à Dieu sans feintise, pour cheminer en justice et saincteté. Mais pource que ce pendant que nous conversons en ceste prison terrienne, nul de nous n'est si fort et bien disposé, qu'il se haste en ceste course d'une telle agilité qu'il doit : et mesmes la pluspart est tant foible et débile qu'elle vacille et cloche, tellement qu'elle ne se peut beaucoup advancer : allons un chacun selon son petit pouvoir, et ne laissons point de poursuyvre le chemin qu'avons commencé. Nul ne cheminera si povrement, qu'il ne s'advance chacun jour quelque peu pour gagner pays. Ne cessons doncques point de tendre là, que nous proufitions assiduellement en la voye du Seigneur : et ne perdons point courage, pourtant si nous ne proufitons qu'un petit. Car combien que la chose ne responde point à nostre souhait, si n'est-ce pas tout perdu, quand le jourd'huy surmonte celuy d'hier. Seulement regardons d'une pure et droicte simplicité nostre but, et nous efforçons de parvenir à nostre fin : ne nous trompans point d'une vaine flatterie, et ne pardonnans à nos vices : mais nous efforçans sans cesse, de faire que nous devenions de jour en jour meilleurs que nous ne sommes, juscques à ce que nous soyons parvenus à la souveraine bonté : laquelle nous avons à chercher et suyvre tout le temps de nostre vie pour l'appréhender, lorsqu'estans despouillez de l'infirmité de nostre chair, nous serons faits participans plenement d'icelle : asçavoir quand Dieu nous recevra à sa compagnie.

Chapitre 2
La somme de la vie chrestienne ; où il est traitté de renoncer à nous-mesmes.

Venons maintenant au second point. Combien que la Loy de Dieu est une très-bonne méthode, et une disposition bien ordonnée pour constituer nostre vie, néantmoins il a semblé expédient à ce bon Maistre céleste, de former les siens à une doctrine plus exquise, à la reigle qu'il leur avoit baillée en sa Loy. Le commencement doncques de ceste manière qu'il tient, est telle : asçavoir que l'office des fidèles est d'offrir leurs corps à Dieu en hostie vivante, saincte et agréable : et qu'en cela gist le service légitime que nous avons à luy rendre. De là s'ensuyt ceste exhortation, que les fidèles ne s'accomodent point à la figure de ce siècle : mais soyent transformez d'une rénovation d'entendement, pour chercher et cognoistre la volonté de Dieu ^(Rom.12.2). Cela est desjà un grand point, de dire que nous sommes consacrez et dédiez à Dieu, pour ne plus rien penser d'oresenavant, parler, méditer ne faire, sinon à sa gloire. Car il n'est licite d'appliquer chose sacrée à usage profane. Or si nous ne sommes point nostres, mais appartenons au Seigneur, de là on peut veoir que c'est que nous avons à faire de peur d'errer, et où nous avons à addresser toutes les parties de nostre vie. Nous ne sommes point nostres, pourtant que nostre raison et volonté ne dominent point en nos conseils, et en ce que nous avons à faire. Nous ne sommes point nostres : ne nous establissons doncques point ceste fin, de chercher ce qui nous est expédient selon la chair. Nous ne sommes point nostres : oublions-nous doncques nous-mesmes tant qu'il sera possible, et tout ce qui est à l'entour de nous. Derechef, Nous sommes au Seigneur : vivons et mourons à luy. Nous sommes au Seigneur : que sa volonté doncques et sagesse préside en toutes nos actions. Nous sommes au Seigneur : que toutes les parties de nostre vie soyent référées à luy, comme à leur fin unique. O combien a proufité l'homme, lequel se cognoissant n'estre pas sien, a osté la seigneurie et régime de soy-mesme à sa propre raison, pour le résigner à Dieu. Car comme c'est la pire peste qu'ayent les hommes pour se perdre et ruine, que de complaire à eux-mesmes : aussi le port unique de salut est, de n'estre point sage en soy-mesme, ne vouloir rien de soy, mais suyvre seulement le Seigneur. Pourtant que ce soit là nostre premier degré, de nous retirer de nous-mesmes, afin d'appliquer toute la force de nostre entendement au service de Dieu. J'appelle Service, non pas seulement celuy qui gist en l'obéissance de sa Parole, mais par lequel l'entendement de l'homme estant vuide de son propre sens, se convertit entièrement et se submet à l'Esprit de Dieu. Ceste transformation, laquelle sainct Paul appelle Rénovation d'entendement Eph.4.23 a esté ignorée de tous les philosophes, combien qu'elle soit la première entrée à vie. Car ils enseignent que la seule raison doit régir et modérer l'homme, et pensent qu'on la doit seule escouter et suyvre : et ainsi luy défèrent le gouvernement de la vie. Au contraire, la philosophie chrestienne veut qu'elle cède, et qu'elle se retire pour donner lieu au sainct Esprit, et estre dontée à la conduite d'iceluy, à ce que l'homme ne vive plus de soy, mais ait en soy, et souffre Christ vivant et régnant.

De là s'ensuit l'autre partie que nous avons mise,

c'est que nous ne cherchions point les choses qui nous agréent, mais celles qui sont plaisantes à Dieu, et appartienent à exalter sa gloire. Ceci est aussi une grande vertu, que nous ayans quasi oublié nous-mesmes, pour le moins ne nous soucians de nous, mettions peine d'appliquer et adonner fidèlement nostre estude à suyvre Dieu et ses commandemens. Car quand l'Escriture nous défend d'avoir particulièrement esgard à nous, non-seulement elle efface de nostre cœur avarice, cupidité de régner, de parvenir à grans honneurs ou alliances : mais aussi elle veut extirper toute ambition, appétit de gloire humaine, et autres pestes cachées. Il faut certes que l'homme chrestien soit tellement disposé qu'il pense avoir affaire à Dieu en toute sa vie. S'il a ceste cogitation, comme il pensera de luy rendre conte de toutes ses œuvres, aussi il rangera toute son intention à luy, et la tiendra en luy fichée. Car quiconques regarde Dieu en toutes ses œuvres, destourne facilement son esprit de toute vaine cogitation. C'est le renoncement de nous-mesmes, lequel Christ requiert si songneusement de tous ses disciples [Matt.16.24]. pour leur premier apprentissage : duquel quand le cœur de l'homme est une fois occupé, premièrement orgueil, fierté et ostentation en est exterminée : puis aussi avarice, intempérance, superfluité et toutes délices, avec les autres vices qui s'engendrent de l'amour de nous-mesmes. Au contraire, par tout où il ne règne point, ou l'homme se desborde en toute vilenie sans honte ne vergogne, ou bien, s'il y a quelque apparence de vertu, elle est corrompue par une meschante cupidité de gloire. Car qu'on me monstre un homme lequel exerce bénignité gratuitement envers les hommes, sinon qu'il ait renoncé à soy-mesme, selon ce commandement du Seigneur. Car ceux qui n'ont point eu ceste affection, ont pour le moins cherché louange en suyvant vertu. Mesmes les Philosophes (qui ont le plus combatu pour monstrer que la vertu est à désirer à cause d'elle-mesme) ont esté si fort enflez d'orgueil et fierté, qu'on peut appercevoir qu'ils n'ont pour autre raison appelé la vertu, sinon pour avoir matière de s'enorgueillir. Or tant s'en faut que les ambitieux qui cherchent la gloire mondaine, ou telle manière de gens qui crèvent d'une outrecuidance intérieure puissent plaire à Dieu, qu'il prononce que les premiers ont receu leur loyer en ce monde : les seconds sont plus loing du royaume de Dieu que les Publicains et paillardes. Toutesfois nous n'avons pas encores clairement exposé de combien d'empeschemens l'homme est retiré de s'adonner à bien faire, sinon qu'il se soit renoncé soy-mesme. Cela a esté véritablement dit anciennement, qu'il y a un monde de vices caché en l'âme de l'homme. Et n'y trouverons autre remède, sinon qu'en renonçant à nous, et sans avoir esgard à ce qui nous plaist, nous dirigions et adonnions nostre entendement à chercher les choses que Dieu requiert de nous : et seulement les chercher à cause qu'elles luy sont agréables.

Sainct Paul en un autre lieu deschiffre plus distinctement toutes les parties de bien reigler nostre vie, encores que ce soit en brief. La grâce de Dieu, dit-il, est apparue en salut à tous hommes, nous enseignant de rejeter toute impiété et cupiditez mondaines : et ainsi, vivre sobrement, justement et sainctement en ce siècle, en attendant l'espérance bienheureuse, et la manifestation de la gloire du grand Dieu, et de nostre Sauveur Jésus-Christ, lequel s'est donné pour nous racheter de toute iniquité, et nous purifier à soy en peuple héréditaire adonné à bonnes œuvres [Tite.2.11]. Car après avoir proposé la grâce de Dieu pour nous donner courage, voulant aussi nous faire le chemin pour marcher au service de Dieu, il oste deux obstacles qui nous pourroyent fort empescher : asçavoir l'impiété, à laquelle nous sommes trop enclins de nature : et puis les cupiditez mondaines, qui s'estendent plus loing.

Or sous ce mot d'Impiété, non-seulement il signifie les superstitions, mais aussi comprend tout ce qui est contraire à la vraye crainte de Dieu. Les cupiditez mondaines valent autant comme les affections de la chair. Par ainsi il nous commande de despouiller nostre naturel quant aux deux parties de la Loy, et rejetter loing tout ce que nostre raison et volonté nous mettent en avant. Au reste, il réduit toutes nos actions à trois membres ou parties : sobriété, justice et piété. La première, qui est Sobriété, signifie sans doute tant chasteté et attrempance, qu'un usage pur et modéré de tous les biens de Dieu, et patience en povreté. Le mot de Justice comprend la droicture en laquelle il nous faut converser avec nos prochains pour rendre à chacun ce qui luy appartient. La Piété qu il met en troisième lieu, nous purge de toute pollution du monde, pour nous conjoindre à Dieu en saincteté. Quand ces trois vertus sont conjoinctes ensemble d'un lien inséparable, elles font une perfection entière. Mais pource qu'il n'y a rien plus difficile que de quitter nostre raison, douter nos cupiditez ; voire y renoncer du tout, afin de nous adonner à Dieu et à nos frères et méditer en ceste boue terrestre une vie angélique : sainct Paul, pour despestrer nos âmes de tous liens, nous rappelle à l'espérance de l'immortalité bienheureuse, disant que nous ne combatons point en vain, d'autant que Jésus-Christ estant une fois apparu rédempteur, monstrera à sa dernière venue le fruit du salut qu'il nous a acquis. Et en ceste manière il nous retire de tous allèchemens, qui ont accoustumé de nous esblouir, tellement que nous n'aspirons pas comme il seroit requis à la gloire céleste : et cependant nous advertit d'estre pèlerins au monde, à ce que l'héritage des cieux ne nous périsse.

Or en ces paroles nous voyons que le renoncement de nous-mesmes en partie regarde les hommes, en partie Dieu, voire principalement. Car quand l'Escriture nous commande de nous porter tellement envers les hommes, que nous les préférions à nous en honneur, et que nous taschions fidèlement d'advancer leur proufit [Rom.12.10 ; Phil.2.3] elle baille des commandemens, desquels nostre cœur n'est point capable, s'il n'est premièrement vuide de son sentiment naturel. Car nous sommes tous si aveuglez et transportez en l'amour de nous-mesmes, qu'il n'y a celuy qui ne pense avoir bonne cause de s'eslever par-dessus tous autres, et de mespriser tout le monde au pris de soy. Si Dieu nous a donné quelque grâce qui soit à estimer, incontinent sous l'ombre de cela nostre cœur s'eslève : et non-seulement nous nous enflons, mais quasi crevons d'orgueil. Les vices dont nous sommes pleins, nous les cachons songneusement envers les autres : et nous faisons à croire qu'ils sont petis et légers, ou mesmes aucunesfois les prisons pour vertus. Quant est des grâces, nous les estimons tant en nous, jusques à les avoir en admiration. Si elles apparoissent en d'autres, voire mesmes plus grandes : à ce que nous ne soyons contraints de leur céder, nous les obscurcissons, ou desprisons le plus qu'il nous est possible. Au contraire, quelques vices qu'il y ait en nos prochains nous ne nous contenions point de les observer â la rigueur : mais les amplifions odieusement. De là vient ceste insolence, qu'un chacun de nous, comme estant exempté de la condition commune, appète prééminence par dessus tous les autres : et sans en excepter un, les mesprise tous comme ses inférieurs. Les povres cèdent bien aux riches, les vileins aux nobles, les serviteurs à leurs maîtres, les ignorans aux sçavans : mais il n'y a nul qui n'ait en son cœur quelque fantasie, qu'il est digue d'estre excellent par-dessus tous les autres. Ainsi chacun en son endroict, en se flattant nourrit un royaume en son cœur. Car s'attribuant les choses dont il se plaist, il censure les esprits et les mœurs des autres. Que si on vient à contention, lors le venin sort et se monstre. Il en y a bien plusieurs qui ont quelque apparence de mansuétude et modestie, ce pendant qu'ils ne voyent rien qui ne viene à gré : mais combien y en a-il peu qui gardent douceur et modestie, quand on les picque et irrite ? Et de faict, cela ne se peut autrement faire, sinon que ceste peste mortelle de s'aimer et exalter soy-mesme, soit arrachée du profond du cœur, comme aussi l'Escriture l'en arrache. Car si nous escoutons sa doctrine, il nous faut souvenir que toutes les grâces que Dieu nous a faites, ne sont pas nos biens propres, mais dons gratuits de sa largesse. Pourtant si quelqu'un s'enorgueillit, il démonstre en cela son ingratitude. Qui est-ce qui te magnifie ? dit sainct Paul. Et si tu as receu toutes choses, pourquoy t'en glorifies-tu, comme si elles ne t'estoyent pas données [1Cor.4.7] ? D'autre part, recognoissans assiduellement nos vices, nous avons à nous réduire à humilité. Ainsi, il ne restera rien en nous qui nous puisse enfler : mais plustost y aura grande matière de nous démettre et abatre. D'avantage, il nous est commandé que tous les dons de Dieu que nous voyons en nos prochains, nous soyent en tel honneur et révérence qu'à cause d'eux nous honorions les personnes ausquelles ils résident. Car ce seroit trop grande audace et impudence, de vouloir despouiller un homme de l'honneur que Dieu luy a fait. Il nous est derechef commandé de ne regarder point les vices, mais les couvrir : non pas pour les entretenir par flatterie, mais à ce que nous n'insultions point à celuy qui a commis quelque faute, veu que nous luy devons porter amour et honneur. De là il adviendra qu'à quiconque que ce soit que nous ayons affaire, non-seulement nous nous porterons modestement et modérément, mais aussi en douceur et amitié : comme au contraire jamais on ne parviendra par autre voye en vraye mansuétude, qu'en ayant le cœur disposé à s'abaisser, et honorer les autres.

Quant est de faire nostre devoir à chercher l'utilité de nostre prochain, combien y a-il de difficulté ? Si nous ne laissons derrière la considération de nous-mesmes, et nous despouillons de toute affection charnelle, nous ne ferons rien en cest endroict. Car qui est-ce qui accomplira les offices que sainct Paul requiert en charité, sinon qu'il ait renoncé à soy, afin de s'adonner du tout à ses prochains ? Charité, dit-il, est patiente, débonnaire : elle n'est point fascheuse, n'insolente : elle n'a nul orgueil, nulle envie : elle ne cherche point son propre [1Cor.13.4], etc. S'il n'y avoit que ce seul mot-là, que nous ne devons point chercher nostre propre utilité, encores ne faudroit-il pas faire peu de force à nostre nature, laquelle nous tire tellement en l'amour de nous-mesmes, qu'elle ne nous souffre point aisément d'estre nonchalans en ce qui nous est bon, pour veiller sur le proufit des autres : ou plustost quitter nostre droict, pour le céder à nos prochains. Or l'Escriture pour nous mener à ceste raison, nous remonstre que tout ce que nous avons receu de grâce du Seigneur, nous a esté commis à ceste condition, que nous le conférions au bien commun de l'Eglise. Et pourtant que l'usage légitime d'icelle est une amiable et libérale communication envers nos prochains, pour suyvre une telle communication, on ne pouvoit trouver une meilleure reigle ne plus certaine, que quand il est dit, tout ce que nous avons de bon, nous avoir esté baillé en garde de Dieu : et ce à telle condition qu'il soit dispensé au proufit des autres, toutesfois l'Escriture passe encores outre, en accompagnant les grâces qu'a un chacun de nous, à la propriété qu'a chacun membre en un corps humain. Nul membre n'a sa faculté pour soy, et ne l'applique point à son usage particulier, mais en use au proufit des autres : et n'en reçoit nulle utilité, sinon celle qui procède du proufit qui est communément espandu par tout le corps. En ceste manière l'homme fidèle doit exposer tout son pouvoir à ses frères, ne prouvoyant point en particulier à soy, sinon qu'en ayant tousjours son intention dressée à l'utilité commune de l'Eglise ¹Cor.12.12. Pourtant que nous tenions ceste reigle, en bien faisant et exerçant humanité : c'est que de tout ce que le Seigneur nous a donné en quoy nous pouvons aider nostre prochain, nous en sommes dispensateurs, ayans une fois à rendre conte comment nous nous serons acquittez de nostre charge. D'avantage, qu'il n'y a point d'autre façon de bien et droictement dispenser ce qui nous est commis, que celle qui est limitée à la reigle de charité. De là il adviendra que non-seulement nous conjoindrons le soin de proufiter à nostre prochain, avec la solicitude que nous aurons de faire nostre proufit : mais aussi que nous assujetirons nostre proufit à celuy des autres. Et de faict, le Seigneur, pour nous monstrer que c'est la manière de bien et deuement administrer ce qu'il nous donne, il l'a recommandée anciennement au peuple d'Israël aux moindres bénéfices qu'il luy faisoit. Car il a ordonné que les premiers fruits nouveaux luy fussent offers ᴱˣᵒ·²²·²⁹ ; ²³·¹⁹ : afin que le peuple par cela testifiast qu'il ne luy estoit licite de percevoir aucuns fruits des biens qui ne luy auroyent esté consacrez. Or si les dons de Dieu nous sont lors finalement sanctifiez, après que nous les luy avons consacrez de nostre main, il appert qu'il n'y a qu'abus damnable, quand ceste consécration n'a point son cours. D'autre part, ce seroit folie de tascher d'enrichir Dieu, en luy communiquant des choses que nous avons en main. Puis doncques que nostre bénéficence ne peut venir jusques à luy (comme dit le Prophète) il nous la faut exercer envers ses serviteurs qui sont au monde. Pourtant aussi les aumosnes sont accomparées à des oblations sainctes ᴾˢᵃ·¹⁶·²⁻³ ; ᴴᵉᵇ·¹³·¹⁶ ; ²ᶜᵒʳ·⁹·¹² pour monstrer que ce sont exercices correspondans maintenant à l'observation ancienne qui estoit sous la Loy, dont je viens de parler.

D'avantage, afin que nous ne nous lassions en bien faisant (ce qui adviendroit autrement à tous coups) il nous doit souvenir pareillement de ce qu'adjouste l'Apostre : c'est que charité est patiente, et n'est pas facile à irriter ¹ᶜᵒʳ·¹³·⁴. Le Seigneur commande sans exception de bien faire à tous : desquels la pluspart sont indignes, si nous les estimons selon leur propre mérite. Mais l'Escriture vient au-devant, en nous admonestant que nous n'avons point à regarder que c'est que les hommes méritent d'eux, mais plustost que nous devons considérer l'image de Dieu en tous, à laquelle nous devons tout honneur et dilection. Singulièrement qu'il nous la faut recognoistre és domestiques de la foy ᴳᵃˡ·⁶·¹⁰ : d'autant qu'elle est en eux renouvelée et restaurée par l'Esprit de Christ. Quiconques doncques se présentera à nous ayant affaire de nostre aide, nous n'aurons point cause de refuser de nous employer pour luy. Si nous disons qu'il soit estranger : le Seigneur luy a imprimé une marque laquelle nous doit estre familière. Pour laquelle raison il nous exhorte de ne point mespriser nostre chair ^{Esa.58.7}. Si nous alléguons qu'il est contemptible et de nulle valeur : le Seigneur réplique, nous remonstrant qu'il l'a honoré, en faisant en luy reluire son image. Si nous disons que nous ne sommes en rien tenus à luy : le Seigneur nous dit qu'il le substitue en son lieu, afin que nous recognoissions envers iceluy les bénéfices qu'il nous a faits. Si nous disons qu'il est indigne pour lequel nous marchions un pas : l'image de Dieu, laquelle nous avons à contempler en luy, est bien digne que nous nous exposions pour elle avec tout ce qui est nostre. Mesmes quand ce seroit un tel homme, qui non-seulement n'auroit riens mérité de nous, mais aussi nous auroit fait beaucoup d'injures et outrages, encores ne seroit-ce pas cause suffisante pour faire que nous laissions de l'aimer et luy faire plaisir et service. Car si nous disons qu'il n'a mérité que mal de nous : Dieu nous pourra demander quel mal il nous a fait, luy dont nous tenons tout nostre bien. Car quand il nous commande de remettre aux hommes les offenses qu'il nous ont faites ^{Luc.17.3}. il les reçoit en sa charge. Il n'y a que ceste voye par laquelle on puisse parvenir à ce qui est non-seulement difficile à la nature humaine, mais du tout répugnant : asçavoir que nous aimions ceux qui nous hayssent, que nous rendions le bien pour le mal, que nous priions pour ceux qui mesdisent de nous ^{Matt.5.44}. Nous viendrons, di-je, à ce point, s'il nous souvient que nous ne devons nous arrester à la malice des hommes : mais plustost contempler en eux l'image de Dieu, laquelle par son excellence et dignité nous peut et doit esmouvoir à les aimer, et effacer tous leurs vices qui nous pourroyent destourner de cela.

Ceste mortification doncques lors aura lieu en nous, quand nous aurons charité accomplie. Ce qui gist non pas en s'acquittant seulement de tous les offices qui appartienent à charité, mais en s'en acquittant d'une vraye affection d'amitié. Car il pourra advenir que quelqu'un face entièrement à son prochain tout ce qu'il luy doit, quant est du devoir extérieur : et néantmoins il sera bien loing de faire son devoir comme il appartient. On en voit beaucoup lesquels veulent estre veus fort libéraux : et toutesfois ils n'eslargissent rien qu'ils ne le reprochent, ou par fière mine, ou par parole superbe. Nous sommes venus en ceste malheureté au temps présent, que la pluspart du monde ne fait nulles aumosnes, sinon avec contumélie. Laquelle perversité ne devoit pas estre tolérable, mesmes entre les Payens. Or le Seigneur requiert bien autre chose des Chrestiens qu'un visage joyeux et alaigre, à ce qu'ils rendent leur bénéficence amiable par humanité et douceur. Premièrement, il faut qu'ils prenent en eux la personne de celuy qui a nécessité de secours : qu'ils ayent pitié de sa fortune comme s'ils la sentoyent et soustenoyent, et qu'ils soyent touchez d'une mesme affection de miséricorde à luy subvenir comme à eux-mesmes. Celuy qui aura un tel courage, en faisant plaisir à ses frères non-seulement ne contaminera point sa bénéficence d'aucune arrogance ou reproche, mais aussi ne mesprisera point celuy auquel il fait bien, pour son indigence, et ne le voudra subjuguer comme estant obligé à luy. Tout ainsi que nous n'insultons point à un de nos membres, pour lequel refociller tout le reste du corps travaille : et ne pensons point qu'il soit spécialement obligé aux autres membres, pource qu'il leur a fait plus de peine qu'il n'en a prins pour eux. Car ce que les membres se communiquent ensemble n'est pas estimé gratuit : mais plustost payement et satisfaction de ce qui est deu par la loy de nature : et ne se pourroit refuser, que cela ne veinst en horreur. Par ce moyen aussi nous gagnerons un autre point, que nous ne penserons point estre délivrez et acquittez, quand nous aurons fait nostre devoir en quelque endroict, comme on estime communément. Car quand un homme riche a donné quelque chose du sien, il laisse là toutes les autres charges, et s'en exempte comme si elles ne luy appartenoyent de rien. Au contraire, un chacun réputera que de tout ce qu'il a et de ce qu'il peut, il est debteur à ses prochains, et qu'il ne doit autrement limiter l'obligation de leur bien faire, sinon quand la faculté luy défaut : laquelle tant qu'elle se peut estendre, se doit réduire à charité.

Traittons encore plus au long de l'autre partie du renoncement de nous-mesmes, laquelle regarde Dieu. Nous en avons desjà parlé çà et là : et seroit chose superflue de répéter tout ce qui en a esté dit. Il suffira de monstrer comment elle nous doit ranger à patience et mansuétude. Premièrement donc en cherchant le moyen de vivre ou reposer à nostre aise, l'Escriture nous rameine tousjours là, que nous résignans à Dieu avec tout ce qui nous appartient, nous luy submettons les affections de nostre cœur pour le donter et subjuguer. Nous avons une intempérance furieuse, et une cupidité effrénée à appéter crédits et honneurs, à chercher puissances, à amasser richesses, et assembler tout ce qu'il nous semble advis estre propre à pompe et magnificence. D'autre part, nous craignons et hayssons merveilleusement povreté, petitesse et ignominie : pourtant les fuyons-nous autant qu'en nous est. Pour laquelle cause on voit en quelle inquiétude d'esprit sont tous ceux qui ordonnent leur vie selon leur propre conseil, combien ils tentent de moyens : en combien de sortes ils se tormentent, afin de parvenir où leur ambition et avarice les transporte, et afin d'éviter povreté et basse condition. Parquoy les fidèles, pour ne se point envelopper en ces laqs, auront à tenir ceste voye. Premièrement, il ne faut point qu'ils désirent ou espèrent, ou imaginent autre moyen de prospérer, que de la bénédiction de Dieu : et pourtant se doyvent seurement appuyer et reposer sur icelle. Car jà soit qu'il soit bien advis que la chair soit suffisante de soy-mesme à parvenir à son intention, quand elle aspire à honneur et richesses par son industrie, ou quand elle y met ses efforts, ou quand elle est aidée par la faveur des hommes : toutesfois il est certain que toutes ces choses ne sont rien, et que nous ne pourrons jamais nullement proufiter ne par nostre engin, ne par nostre labeur, sinon d'autant que le Seigneur fera proufiter l'un et l'autre. Au contraire, la seule bénédiction trouvera voye au milieu de tous empeschemens, pour nous donner bonne issue en toutes choses. D'avantage, quand ainsi seroit que nous pourrions sans icelle acquérir quelque honneur ou opulence (comme nous voyons tous les jours les meschans venir à grandes richesses et gros estats) : néantmoins puis que là où est la malédiction de Dieu, on ne sçauroit avoir une seule goutte de félicité, nous n'obtiendrons rien qui ne nous tourne à malheur sinon que sa bénédiction soit sur nous. Or ce seroit une grande rage, d'appéter ce qui ne nous peut faire que misérables.

Pourtant si nous croyons que tout moyen de prospérer gist en la seule bénédiction de Dieu, et que sans icelle toute misère et calamité nous attend, nostre office est de n'aspirer à richesses et honneurs avec trop grande cupidité, en fiance de nostre engin, ou diligence, ou faveur des hommes, ou de fortune : mais de regarder tousjours en Dieu, afin que par sa conduite nous soyons menez à telle condition que bon luy semblera. De là il adviendra que nous ne nous efforcerons point d'attirer richesses à nous, de voler les honneurs par droict ou par tort, par violence ou cautèle, et autres moyens obliques : mais seulement chercherons les biens qui ne nous destourneront point d'innocence. Car qui est-ce qui espérera que la bénédiction de Dieu luy doyve aider en commettant fraudes et rapines, et autres meschancetez ? Car comme elle n'assiste point sinon à ceux qui sont droicts en leurs pensées, et en leurs œuvres : ainsi l'homme qui la désire, doit estre par cela retiré de toute iniquité et mauvaise cogitation. D'avantage aussi elle sera comme une bride pour nous restreindre, à ce que nous ne bruslions point d'une cupidité désordonnée de nous enrichir, et que nous ne taschions point ambitieusement à nous eslever. Car quelle impudence seroit-ce, de penser que Dieu doit nous aider à obtenir les choses que nous désirons contre sa Parole ? Jà n'adviene qu'il advance par l'aide de sa bénédiction, ce qu'il maudit de sa bouche. Finalement, quand les choses n'adviendront point selon nostre espoir et souhait : par ceste considération nous serons retenus, afin de ne nous desborder en impatience, et détester nostre condition. Car nous cognoistrons que cela seroit murmurer à l'encontre de Dieu : par la volonté duquel, et povreté et richesses, et contemnement et honneurs sont dispensez. En somme, quiconque se reposera en la bénédiction de Dieu (comme il a esté dit) n'aspirera point par mauvais moyens et obliques, à nulle des choses que les hommes appètent d'une cupidité enragée : veu qu'il cognoistra que ce moyen ne lui proufiteroit de rien. Et s'il luy advient quelque prospérité, ne l'imputera point ou à sa diligence ou à industrie, ou à fortune : mais recognoistra que cela est de Dieu. D'autre part, s'il ne se peut guères advancer, ce pendant que les autres s'eslèvent à souhait, voire mesmes qu'il aille en arrière : si ne laissera-il point de porter plus patiemment et modérément sa povreté, que ne feroit un homme infidèle ses richesses moyennes, lesquelles ne seroyent point si grandes qu'il désireroit. Car il aura un soulagement où il pourra mieux acquiescer qu'en toutes les richesses du monde, quand il les auroit assemblées en un monceau : c'est qu'il réputera toutes choses estre ordonnées de Dieu, comme il est expédient pour son salut. Nous voyons que David a esté ainsi affectionné, lequel en suyvant Dieu, et se laissant gouverner à luy, proteste qu'il est semblable à un enfant, naguères sevré, et qu'il ne chemine point en choses hautes et par-dessus sa nature_{Psaume.131.1-2}.

Combien qu'il ne fale pas que les fidèles gardent seulement en cest endroict une telle patience et modération : mais ils la doyvent aussi estendre à tous les événemens ausquels la vie présente est sujette. Parquoy nul n'a deuement renoncé à soy-mesme, sinon quand il s'est tellement résigné à Dieu, qu'il souffre volontairement toute sa vie estre gouvernée au plaisir d'iceluy. Celuy qui aura une telle affection, quelque chose qu'il adviene, jamais ne se réputera malheureux, et ne se plaindra point de sa condition, comme pour taxer Dieu obliquement. Or combien ceste affection est nécessaire, il apparoistra si nous considérons à combien d'accidens nous sommes sujets. Il y a mille maladies qui nous molestent assiduellement les unes après les autres. Maintenant la peste nous tormente, maintenant la guerre : maintenant une gelée ou une gresle nous apporte stérilité, et par conséquent nous menace d'indigence : maintenant par mort nous perdons femmes, enfans et autres parens : aucunesfois le feu se mettra en nostre maison. Ces choses font que les hommes maudissent leur vie, détestent le jour de leur nativité, ont en exécration le ciel et la lumière, détractent de Dieu : et comme ils sont éloquens à blasphémer, l'accusent d'injustice et cruauté. Au contraire, il faut que l'homme fidèle contemple mesmes en ces choses, la clémence de Dieu et sa bénignité paternelle. Pourtant, soit qu'il se voye désolé par la mort de tous ses prochains, et sa maison comme déserte, si ne laissera-il point de bénir Dieu, mais plustost se tournera à ceste pensée, que puisque la grâce de Dieu habite en sa maison, elle ne la laissera point désolée. Soit que les bleds et vignes soyent gastées et destruites par gelée, gresle ou autre tempeste, et que par cela il prévoye danger de famine : encores ne perdra-il point courage, et ne se mescontentera point de Dieu, mais plustost persistera en fiance ferme, disant en son cœur, Nous sommes toutesfois en la tutèle du Seigneur, nous sommes les brebis de sa nourriture ^{Psaume.79.13}. Quelque stérilité doncques qu'il y ait, il nous donnera tousjours de quoy vivre. Soit qu'il endure affliction de maladie, si ne sera-il point abatu par la douleur pour s'en desborder en impatience, et se plaindre de Dieu : mais plustost en considérant la justice et bonté du Père céleste, en ce qu'il le chastie, il se duira par cela à patience. Brief, quelque chose qu'il adviene, sçachant que tout procède de la main du Seigneur, il le recevra d'un cœur paisible et non ingrat : afin de ne résister au commandement de celuy auquel il s'est une fois permis. Principalement que ceste folle et misérable consolation des payens soit loing du cœur chrestien : c'est d'imputer à fortune les adversitez, pour les porter plus patiemment. Car les philosophes usent de ceste raison : que ce seroit folie de se courroucer contre fortune, laquelle est téméraire et aveugle, et jette ses dards à la volée, pour navrer les bons et mauvais sans discrétion. Au contraire, ceste est la reigle de piété, que la seule main de Dieu conduit et gouverne bonne fortune et adverse : laquelle ne va point d'une impétuosité inconsidérée, mais dispense par une justice bien ordonnée tant le bien que le mal.

Chapitre 3
De souffrir patiemment la croix, qui est une partie de renoncer à nous-mesmes.

Encores faut-il que l'affection de l'homme fidèle monte plus haut : asçavoir où Christ appelle tous les siens, c'est qu'un chacun porte sa croix ^{Matt.16.24}. Car ceux que le Seigneur a adoptez et receus en la compagnie de ses enfans, se doyvent préparer à une vie dure, laborieuse, plene de travail et d'infinis genres de maux. C'est le bon plaisir du Père céleste, d'exercer ainsi ses serviteurs afin de les expérimenter. Il a commencé cest ordre en Christ son Fils premier-nay, et le poursuyt envers tous les autres. Car comme ainsi soit que Christ fust son Fils bien-aimé, auquel il a tousjours prins son bon plaisir ^{Matt.3.17 ; 17.5} nous voyons toutesfois qu'il n'a point esté traitté mollement et délicatement en ce monde : tellement qu'on peut dire que non-seulement il a esté en assiduelle affliction, mais que toute sa vie n'a esté qu'une espèce de croix perpétuelle. L'Apostre assigne la cause, qu'il a falu qu'il fust instruit à obéissance par ce qu'il a souffert ^{Héb.5.8}. Comment doncques nous exempterons-nous de la condition à laquelle il a falu que Christ nostre chef se soit submis : veu mesmes qu'il s'y est submis à cause de nous, afin de nous donner exemple de patience ? Pourtant l'Apostre dénonce que Dieu a destiné ceste fin à tous ses enfans : de les faire conformes à son Christ ^{Rom.8.29}. De là nous revient une singulière consolation, c'est qu'en endurant toutes misères, qu'on appelle choses adverses et mauvaises, nous communiquons à la croix de Christ : afin que comme luy a passé par un abysme de tous maux pour entrer à la gloire céleste, aussi que par diverses tribulations nous y parvenions ^{Act.14.22}. Car sainct Paul nous enseigne que quand nous sentons en nous une participation de ses afflictions, nous appréhendons pareillement la puissance de sa résurrection, et quand nous sommes faits participans de sa mort, c'est une préparation pour venir à son éternité glorieuse ^{Phil.3.10}. Combien a d'efficace cela, pour adoucir toute amertume qui pourroit estre en la croix : c'est que d'autant plus que nous sommes affligez et endurons de misères, d'autant est plus certainement confermée nostre société avec Christ. Avec lequel quand nous avons telle communication, les adversitez non-seulement nous sont bénites, mais aussi nous sont comme aides, pour advancer grandement nostre salut.

D'avantage, le Seigneur Jésus n'a eu nul mestier de porter la croix et endurer tribulations, sinon que pour testifier et approuver son obéissance envers Dieu son Père : mais il nous est nécessaire pour plusieurs raisons, d'estre perpétuellement affligez en ceste vie. Premièrement, selon que nous sommes trop enclins de nature à nous exalter, et nous attribuer toutes choses : si nostre imbécillité ne nous est démonstrée à l'œil, nous estimons incontinent de nostre vertu outre mesure, et ne doutons point de la faire invincible contre toutes difficultez qui pourroyent advenir. De là vient que nous nous eslevons en une vaine et folle confiance de la chair, laquelle puis après nous incite à nous enorgueillir contre Dieu : comme si nostre propre faculté nous suffisoit sans sa grâce. Il ne peut mieux rabatre ceste outrecuidance, qu'en nous monstrant par expérience combien il y a en nous non-seulement d'imbécillité, mais aussi de fragilité. Pourtant il nous afflige, ou par ignominie, ou par povreté, ou maladie, ou perte de parens, ou autres calamitez : ausquelles tant qu'en nous est, nous succombons incontinent, pource que nous n'avons point la vertu de les soustenir. Lors estans humiliez nous apprenons d'implorer sa vertu, laquelle seule nous fait consister et tenir fermes sous la pesanteur de tels fardeaux. Mesmes les plus saincts, combien qu'ils cognoissent leur fermeté estre fondée en la grâce de Dieu, et non en leur propre vertu, toutesfois encores se tiennent-ils trop asseurez de leur force et constance : sinon que le Seigneur les amenast en plus certaine cognoissance d'eux-mesmes, les esprouvant par croix. David mesmes a esté surprins d'une telle présomption, pour estre rendu comme insensé, comme il le confesse : J'ay dit en mon repos. Je ne seray jamais esbranlé Psa.30.6. O Dieu, tu avois establi force en ma montagne par ton bon plaisir : tu as caché ta face, et j'ay esté estonné Psa.30.7. Il confesse que la prospérité a hébété et abruti tous ses sens : tellement que ne se souciant de la grâce de Dieu, de laquelle il devoit dépendre, il s'est voulu appuyer sur soy-mesme, et a bien osé se promettre un estat permanent. Si cela est advenu à un si grand Prophète, qui sera celuy de nous qui ne craindra pour estre sur ses gardes ? Et pourtant ce qu'ils se flattoyent concevans quelque opinion de grande fermeté et constance, ce pendant que toutes choses estoyent paisibles : après avoir esté agitez de tribulation, ils cognoissoyent que c'estoit hypocrisie. Voylà doncques la manière comment il faut que les fidèles soyent advertis de leurs maladies : afin de proufiter en humilité, et se despouiller de toute perverse confiance de la chair, pour se ranger du tout à la grâce de Dieu. Or après s'y estre rangez, ils sentent que sa vertu leur est présente, en laquelle ils ont assez de forteresse.

C'est ce que sainct Paul signifie, disant que de tribulation s'engendre patience : et de patience, probation [Rom.5.3-4]. Car ce que le Seigneur a promis à ses fidèles, de leur assister en tribulations, ils sentent cela estre vray, quand ils consistent en patience, estans soustenus de sa main. Ce qu'ils ne pouvoyent faire de leurs forces. Patience doncques est une espreuve aux saincts, que Dieu donne vrayement le secours qu'il a promis, quand il est mestier. Par cela aussi leur espérance est conferrmée : pource que ce seroit trop grande ingratitude, de n'attendre point pour l'advenir la vérité de Dieu, laquelle jà ils ont esprouvée estre ferme et immuable. Nous voyons desjà combien de proufits prouvienent de la croix, comme d'un fil perpétuel. Car icelle renversant la fausse opinion que nous concevons naturellement de nostre propre vertu, et descouvrant nostre hypocrisie, laquelle nous séduit et abuse par ses flatteries, elle rabat la présomption de nostre chair, laquelle nous estoit pernicieuse. Après nous avoir ainsi humiliez : elle nous apprend de nous reposer en Dieu : lequel estant nostre fondement, ne nous laisse point succomber ne perdre courage. De ceste victoire s'ensuyt espérance, d'autant que le Seigneur en accomplissant ce qu'il a promis, establit sa vérité pour l'advenir. Certes quand il n'y auroit que ces causes seules, il appert combien nous est nécessaire l'exercitation de la croix. Car ce n'est point un petit proufit, que l'amour de nous-mesmes, laquelle nous aveugle, soit ostée, afin que nous cognoissions droictement nostre foiblesse : d'avoir un droict sentiment d'icelle, afin d'apprendre une desfiance de nous-mesmes : de nous desfier de nous-mesmes, afin de transférer nostre fiance en Dieu : de nous appuyer sur Dieu en certaine fiance de cœur, afin que par le moyen de son aide nous persévérions jusques à la fin victorieux : consister en sa grâce, à ce que nous le cognoissions estre vray et fidèle en ses promesses : avoir la certitude de ses promesses notoire, à ce que nostre espérance soit par cela confermée.

Le Seigneur a encores une autre raison d'affliger ses serviteurs : c'est afin d'esprouver leur patience, et les instruire à obéissance. Non pas qu'ils puissent avoir autre obéissance que celle qu'il leur a donnée : mais il luy plaist de monstrer ainsi et testifier les grâces qu'il a mises en ses fidèles, à ce qu'elles ne demeurent point oisives et cachées au dedans. Parquoy quand il met en avant la vertu et constance de souffrir qu'il a donnée à ses serviteurs, il est dit qu'il esprouve leur patience. Dont aussi ces façons de parler sont déduites : qu'il a tenté Abraham, et a cognu sa piété, d'autant qu'il n'a point refusé d'immoler son fils pour luy complaire ^{Gen.22.1}. Pourtant sainct Pierre dit que nostre foy n'est pas moins esprouvée par tribulation, que l'or est examiné en la fournaise ^{1Pi.1.7}. Or qui est-ce qui niera cela estre expédient, qu'un don si excellent, lequel le Seigneur a fait à ses serviteurs, soit appliqué en usage, afin d'estre fait notoire et manifeste ? Car jamais on ne l'estimeroit autrement comme il appartient. Que si le Seigneur a juste raison de donner matière aux vertus qu'il a mises en ses fidèles, pour les exercer, à ce qu'elles ne demeurent point en cachette, et mesmes à ce qu'elles ne soyent point inutiles : nous voyons que ce n'est pas sans cause qu'il envoyé afflictions, sans lesquelles leur patience seroit nulle. Je di aussi qu'il les instruit par ce moyen à obéir : veu qu'ils aprenent par cela de ne vivre pas ù leur souhait, mais à son plaisir. Certes si toutes choses leur advenoyent comme ils demandent, ils ne sçauroyent que c'est de suyvre Dieu. Or Sénèque philosophe payen, dit que c'a esté un ancien proverbe, quand on vouloit exhorter quelqu'un à endurer patiemment adversitez, d'user de ce mot, Il faut suyvre Dieu. En quoy ils signifioyent que lors finalement l'homme se submet au joug du Seigneur, quand il se laisse chastier, et preste volontairement la main et le dos à ses verges. Or si c'est chose raisonnable que nous nous rendions en toutes manières obéissans au Père céleste : il n'est pas à refuser qu'il nous accoustume en toute manière qu'il est possible à luy rendre obéissance.

Toutesfois nous ne voyons pas encores combien icelle est requise, sinon que nous réputions quelle est l'intempérance de nostre chair, à rejetter le joug du Seigneur, incontinent qu'elle est un peu délicatement traittée. Car il en advient autant qu'aux chevaux rebelles : lesquels après avoir esté quelque temps en l'estable oisifs et bien repeus, ne se peuvent puis après donter, et ne recognoissent leur maistre, auquel ils se laissoyent au paravant ranger. Brief, ce que le Seigneur se plaind estre advenu au peuple d'Israël, se voit coustumièrement en tous hommes : c'est qu'estans engraissez en trop douce nourriture, ils regimbent contre celuy qui les a nourris ^(Deut.32.15). Bien est vray qu'il convenoit que la bénéficence de Dieu nous attirast à réputer et aimer sa bonté : mais puis que nostre ingratitude est telle, que nous sommes plustost corrompus pas sa douceur et son traittement amiable, qu'incitez à bien, il est plus que nécessaire qu'il nous tiene la bride serrée, et nous entretiene en quelque discipline, de peur que ne nous desbordions en telle pétulance. Pour ceste cause, afin que nous ne devenions fiers par trop grande abondance de biens, afin que les honneurs ne nous enorgueillissent, afin que les ornemens que nous avons selon le corps ou selon l'âme, n'engendrent quelque fierté ou desbordement en nous, le Seigneur vient au-devant, et y met ordre, refrénant et dontant par le remède de la croix l'insolence de nostre chair. Et ce en diverses sortes, comme il cognoist estre expédient et salutaire à chacun ; car nous ne sommes point si malades les uns que les autres, ne d'une mesme maladie : et pourtant il n'est jà mestier que la cure soit pareille en tous. C'est la raison pourquoy il exerce les uns en une espèce de croix, les autres en l'autre. Néantmoins combien qu'en voulant pourvoir à la santé de tous, il use de plus douce médecine envers les uns, de plus aspre et rigoureuse envers les autres, si est-ce qu'il n'en laisse pas un exempt, d'autant qu'il cognoist tout le monde estre malade.

D'avantage, il est mestier que nostre bon Père non-seulement préviene nostre infirmité pour l'advenir : mais il est aussi expédient souventesfois qu'il corrige nos fautes passées, pour nous retenir en obéissance vers soy. Pourtant, incontinent qu'il nous vient quelque affliction, nous devons avoir souvenance de nostre vie passée. En ce faisant nous trouverons sans doute que nous avons commis quelque faute digne d'un tel chastiment ; combien qu'à la vérité, il ne nous faloit prendre de la recognoissance de nostre péché la principale matière pour nous exhorter à patience : car l'Escriture nous baille en main une bien meilleure considération, en disant que le Seigneur nous corrige par adversitez, afin de ne nous point condamner avec ce monde [1Cor.11.32]. Nous avons doncques à recognoistre la clémence et bénignité de nostre Père au milieu de la plus grande amertume qui soit aux tribulations : veu qu'en cela mesmes il ne cesse d'advancer nostre salut ; car il nous afflige non pas pour nous perdre ou ruiner, mais pour nous délivrer de la condamnation de ce monde. Ceste pensée nous mènera à ce que l'Escriture nous enseigne ailleurs, disant, Mon enfant, ne rejette point la correction du Seigneur, et ne te fasche point quand il t'argue : car Dieu corrige ceux qu'il aime, et les entretient comme ses enfans ^Prov.3.11-12^. Quand nous oyons dire que ses corrections sont verges paternelles, n'est-ce pas nostre office de nous rendre enfans dociles, plustost qu'en résistant ensuyvre les gens désespérez, qui sont endurcis en leurs maléfices ? Le Seigneur nous perdroit s'il ne nous retiroit à soy par corrections, quand nous avons failli. Et comme dit l'Apostre, Nous sommes bastars, et non pas enfans légitimes, s'il ne nous tient en discipline ^Héb.12.8^. Nous sommes doncques par trop pervers si nous ne le pouvons endurer, quand il nous déclare sa bénévolence et le soin qu'il a de nostre salut. L'Escriture note ceste différence entre les incrédules et les fidèles ; que les premiers à la manière des serfs anciens qui estoyent de nature perverse, ne font qu'empirer et s'endurcir au fouet : les seconds proufitent à repentance et amendement comme enfans bien nais : eslisons maintenant desquels nous aimons mieux estre. Mais pource qu'il a esté traitté autre part de cest argument, il nous suffira d'en avoir yci touché en brief.

Mais la souveraine consolation est, quand nous endurons persécution pour justice ; car il nous doit lors souvenir quel honneur nous fait le Seigneur en nous donnant les enseignes de sa gendarmerie. J'appelle Persécution pour justice, non-seulement quand nous souffrons pour défendre l'Evangile, mais aussi pour maintenir toute cause équitable. Soit doncques que pour défendre la vérité de Dieu contre les mensonges de Satan, ou bien pour soustenir les innocens contre les meschans, et empescher qu'on ne leur face tort et injure, il nous fale encourir haine et indignation du monde, dont nous venions en danger de nostre honneur, ou de nos biens, ou de nostre vie, qu'il ne nous face point de mal de nous employer jusques-là pour Dieu, et que nous ne nous réputions malheureux, quand de sa bouche il nous prononce estre bienheureux ^{Matt.5.10}. Il est bien vray que povreté, si elle est estimée en soy-mesme, est misère : semblablement exil, mespris, ignominie, prison : finalement la mort est une extrême calamité : mais où Dieu aspire par sa faveur, il n'y a nulle de toutes ces choses, laquelle ne nous tourne à bonheur et félicité. Contentons-nous doncques plustost du tesmoignage de Christ que d'une fausse opinion de nostre chair : de là adviendra qu'à l'exemple des Apostres, nous nous resjouirons toutesfois et quantes qu'il nous réputera dignes que nous endurions contumélie pour son

Nom ^(Act.5.41). Car si estans innocens et de bonne conscience, nous sommes despouillez de nos biens par la meschanceté des iniques, nous sommes biens apovris devant les hommes, mais par cela les vrayes richesses nous accroissent envers Dieu au ciel. Si nous sommes chassez et bannis de nostre pays, nous sommes d'autant plus avant receus en la famille du Seigneur. Si nous sommes vexez et molestez, nous sommes d'autant plus confermez en nostre Seigneur pour y avoir recours. Si nous recevons opprobre et ignominie, nous sommes d'autant plus exaltez au royaume de Dieu. Si nous mourons, l'ouverture nous est faite en la vie bienheureuse. Ne seroit-ce pas grand'honte à nous d'estimer moins les choses que le Seigneur a tant prisées, que les délices de ce monde, lesquelles passent incontinent comme fumée ?

Puis doncques que l'Escriture nous reconforte ainsi en toute ignominie et calamité que nous avons à endurer pour la défense de justice, nous sommes trop ingrats si nous ne les portons patiemment, et d'un cœur alaigre : singulièrement veu que ceste espèce de croix est propre aux fidèles par-dessus toutes les autres : et que par icelle Christ veut estre glorifié en eux, comme dit sainct Pierre ^(1Pi.4.11). Or d'autant qu'il est plus fascheux et aigre à tous esprits hautains et courageux de souffrir opprobre, qu'une centaine de morts, sainct Paul nous admoneste, qu'espérans en Dieu non-seulement nous serons sujets à persécutions, mais aussi à vitupères ¹Tim.4.10 ; comme ailleurs il nous incite par son exemple à cheminer par infamie comme par bonne réputation ²Cor.6.8. Combien que Dieu ne requiert point de nous une telle liesse laquelle oste toute amertume de douleur : autrement la patience des saincts seroit nulle en la croix, sinon qu'ils fussent tormentez de douleurs, et sentissent angoisse quand on leur fait quelque moleste. Semblablement si la povreté ne leur estoit dure et aspre, s'ils n'enduroyent quelque torment en la maladie, si l'ignominie ne les poignoit, si la mort ne leur estoit en horreur, quelle force ou modération seroit-ce de mespriser toutes ces choses ? Mais comme ainsi soit qu'une chacune d'icelles ait une amertume conjoincte, de laquelle elle poingt les cœurs de nous tous naturellement : en cela se démonstre la force d'un homme fidèle, si estant tenté du sentiment d'une telle aigreur, combien qu'il travaille griefvement, toutesfois en résistant il surmonte et viene au-dessus. En cela se déclaire la patience, si estant stimulé par ce mesme sentiment, il est toutesfois restreint par la crainte de Dieu, comme par une bride à ce qu'il ne se desborde point en quelque despitement ou autre excès. En cela apparoist sa joye et liesse : si estant navré de tristesse et douleur, il acquiesce néantmoins en la consolation spirituelle de Dieu.

Ce combat que soustienent les fidèles contre le sentiment naturel de douleur, en suyvant patience et modération, est très-bien descrit par sainct Paul en ces paroles, Nous endurons tribulation en toutes choses, mais nous ne sommes point en destresse : nous endurons povreté, mais nous ne sommes point destituez : nous endurons persécution, mais nous ne sommes point abandonnez : nous sommes comme abatus, mais nous ne périssons point $^{2Cor.4.8-9}$. Nous voyons que porter patiemment la croix, n'est pas estre du tout stupide, et ne sentir douleur aucune : comme les Philosophes stoïques ont follement descrit le temps passé un homme magnanime, lequel ayant despouillé son humanité, ne fust autrement touché d'adversité que de prospérité, ny autrement de choses tristes que de joyeuses : ou plustost qu'il fust sans sentiment comme une pierre. Et qu'ont-ils proufité avec ceste si haute sagesse ? C'est qu'ils ont dépeint un simulachre de patience, lequel n'a jamais esté trouvé entre les hommes, et n'y peut estre du tout : et mesmes en voulant avoir une patience trop exquise, ils ont osté l'usage d'icelle entre les hommes. Il y en a aussi maintenant entre les Chrestiens de semblables : lesquels pensent que ce soit vice, non-seulement de gémir et pleurer, mais aussi de se contrister et estre en solicitude. Ces opinions sauvages procèdent quasi de gens oisifs : lesquels s'exerçans plustost à spéculer qu'à mettre la main à l'œuvre, ne peuvent engendrer autre chose que telles fantasies. De nostre part nous n'avons que faire de ceste si dure et rigoureuse philosophie, laquelle nostre Seigneur Jésus a condamnée non-seulement de paroles, mais aussi par son exemple. Car il a gémi et pleuré, tant pour sa propre douleur, qu'en ayant pitié des autres : et n'a pas autrement apprins à ses disciples de faire. Le monde, dit-il, s'esjouira, et vous serez en destresse : il rira, et vous pleurerez ^{Jean.16.20}. Et afin qu'on ne tournast cela à vice, il prononce ceux qui pleurent estre bien heureux ^{Matt.5.4}. Ce qui n'est point de merveille. Car si on réprouve toutes larmes, que jugerons-nous du Seigneur Jésus, du corps duquel sont distillées gouttes de sang ^{Luc.22.44} ? Si on taxe d'incrédulité tout espovantement : qu'estimerons-nous de l'horreur dont il fust si merveilleusement estonné ? Si toute tristesse nous desplaist : comment approuverons-nous ce qu'il confesse, son âme estre triste jusques à la mort ?

J'ay voulu dire ces choses pour retirer tous bons cœurs de désespoir, afin qu'ils ne renoncent point à l'estude de patience, combien qu'ils ne soyent du tout à délivre d'affection naturelle de douleur. Or il convient que ceux qui font de patience stupidité, et d'un homme fort et constant un tronc de bois, perdent courage et se désespèrent, quand ils se voudront adonner à patience. L'Escriture au contraire loue les saincts de tolérance, quand ils sont tellement affligez de la dureté de leurs maux, qu'ils n'en sont pas rompus pour défaillir : quand ils sont tellement poincts d'amertume, qu'ils ont une joye spirituelle avec, quand ils sont tellement pressez d'angoisses, qu'ils ne laissent point de respirer, se resjouissans en la consolation de Dieu. Cependant ceste répugnance se démeine en leurs cœurs : c'est que le sens de nature fuit et a en horreur tout ce qui luy est contraire : d'autre part, l'affection de piété les tire en obéissance de la volonté de Dieu, par le milieu de ses difficultez. Laquelle répugnance Jésus-Christ a exprimée parlant ainsi à sainct Pierre, Quand tu estois jeune, tu te ceignois à ton plaisir, et cheminois où bon te sembloit : quand tu seras vieil, un autre te ceindra, et te mènera où tu ne voudras point ^{Jean.21.18}. Il n'est pas certes vray-semblable que sainct Pierre ayant à glorifier Dieu par la mort, ait esté traîné à ce faire par contrainte et maugré qu'il eust : autrement son martyre n'auroit pas grand'louange. Néantmoins combien qu'il obtempérast à l'ordonnance de Dieu d'un courage franc et alaigre, pource qu'il n'avoit point despouillé son humanité, il estoit distrait en double volonté. Car quand il réputoit la mort cruelle qu'il devoit souffrir, estant estonné de l'horreur d'icelle, il en fust volontiers eschappé. D'autre part, quand il considéroit qu'il y estoit appelé par le commandement de Dieu, il s'y présentoit volontiers, et mesmes joyeusement, mettant toute crainte sous le pied. Pourtant si nous voulons estre disciples de Christ, il nous faut mettre peine que nos cœurs soyent remplis d'une telle révérence et obéissance de Dieu, laquelle puisse donter et subjuguer toutes affections contraires à son plaisir. De là il adviendra qu'en quelque tribulation que nous soyons, en la plus grande destresse de cœur qu'il sera possible d'avoir, nous ne laisserons point de retenir constamment patience : car les adversitez auront tousjours leur aigreur, laquelle nous mordra. Pour laquelle cause, estans affligez de maladie nous gémirons, et nous plaindrons, et désirerons santé : estans pressez d'indigence, nous sentirons quelques aiguillons de perplexité et solicitude. Pareillement l'ignominie, contemnement, et toutes autres injures nous navreront le cœur. Quand il y aura quelqu'un de nos parens mort, nous rendrons à nature les larmes qui luy sont deues : mais nous reviendrons tousjours à ceste conclusion : Néantmoins Dieu l'a voulu, suyvons doncques sa volonté. Mesmes il faut que ceste cogitation interviene parmi les ponctions de douleur, et larmes et gémissemens, afin de réduire nostre cœur à porter joyeusement les choses desquelles il est ainsi contristé.

Pource que nous avons prins la principale raison de bien tolérer la croix, de la considération de la volonté de Dieu : il faut briefvement définir quelle différence il y a entre la patience chrestienne et philosophique. Il y a eu bien peu de Philosophes qui soyent montez si haut, que d'entendre les hommes estre exercitez de la main de Dieu par afflictions, et pourtant, qu'en cest endroict il nous faut obtempérer à sa volonté. Mais encores ceux qui sont venus jusques-là, n'ameinent point d'autre raison, sinon pource qu'il est nécessaire. Or qu'est cela dire autre chose, sinon qu'il faut céder à Dieu, pource qu'en vain on s'efforceroit d'y résister ? Car si nous obéissons à Dieu seulement pource qu'il est nécessaire, quand nous pourrons fuir, nous cesserons de luy obéir. Mais l'Escriture veut bien que nous considérions autre chose en la volonté de Dieu : asçavoir premièrement sa justice et équité, puis après le soin qu'il a de nostre salut. Pourtant les exhortations chrestiennes sont telles : Soit que povreté, ou bannissement, ou prison, ou contumélie, ou maladie, ou perte de parens, ou autre adversité nous tormente, nous avons à penser que rien de ces choses n'advient sinon par le vouloir et providence du Seigneur : d'avantage qu'iceluy ne fait rien sinon d'une justice bien ordonnée. Car quoy ? les péchez que nous commettons journellement, ne méritent-ils pas d'estre chastiez plus asprement cent mille fois et de plus grande sévérité, que n'est celle dont il use ? N'est-ce pas bien raison que nostre chair soit dontée, et comme accoustumée au joug, à ce qu'elle ne s'esgare point en intempérance selon que sa nature porte ? La justice et vérité de Dieu ne sont-elles pas bien dignes que nous endurions pour elles ? Si l'équité de Dieu apparoist évidemment en toutes nos afflictions, nous ne pouvons sans iniquité murmurer ne rebeller. Nous n'oyons pas yci ceste froide chanson des Philosophes, qu'il se fale submettre d'autant qu'il est nécessaire : mais une remonstrance vive et plene d'efficace, qu'il faut obtempérer, pource qu'il n'est licite de résister, qu'il faut prendre patience, pource qu'impatience est contumace contre la justice de Dieu. Or pource qu'il n'y a rien qui nous soit droictement amiable, sinon ce que nous cognoissons nous estre bon et salutaire, le Père de miséricorde nous console aussi bien en cest endroict, affermant qu'en ce qu'il nous afflige par croix, il pourvoit à nostre salut. Que si les tribulations nous sont salutaires, pourquoy ne les recevrons-nous d'un cœur paisible et non ingrat ? parquoy en les endurant patiemment nous ne succombons point à la nécessité, mais acquiesçons à nostre bien. Ces considérations, di-je, feront qu'autant que nostre cœur est enserré en la croix par l'aigreur naturelle d'icelle, d'autant sera-il dilaté de joye spirituelle. De là aussi s'ensuyvra action de grâces, laquelle ne peut estre sans joye. Or si la louange du Seigneur et action de grâces, ne peut sortir que d'un cœur joyeux et alaigre, et néanmoins ne doit estre empeschée par rien du monde, de là il appert combien il est nécessaire que l'amertume qui est en la croix soit tempérée de joye spirituelle.

Chapitre 4
De la méditation de la vie avenir.

O utreplus, de quelque genre de tribulation que nous soyons affligez, il nous faut tousjours regarder ceste fin, de nous accoustumer au contemnement de la vie présente, afin d'estre par cela incitez à méditer la vie future. Car pource que le Seigneur cognoist très-bien comme nous sommes enclins à une amour aveugle, et mesmes brutale de ce monde : il use d'un moyen fort propre pour nous en retirer, et resveiller nostre paresse, afin que nostre cœur ne s'attache point trop en une telle folle amour. Il n'y a personne de nous qui ne vueille estre veu aspirer tout le cours de sa vie à l'immortalité céleste, et s'efforcer d'y parvenir. Car nous avons honte de n'estre en rien plus excellens que les bestes brutes, desquelles la condition ne seroit de rien moindre à la nostre, s'il ne nous restoit quelque espoir d'éternité après la mort. Mais si on examine les conseils, délibérations, entreprinses et œuvres d'un chacun, on n'y verra rien que terre. Or ceste stupidité vient de ce que nostre entendement est comme esblouy de la vaine clairté qu'ont les richesses, honneurs et puissances, en apparence extérieure, et ainsi ne peut regarder plus loing. Pareillement nostre cœur estant occupé d'avarice, d'ambition, et d'autres mauvaises concupiscences, est yci attaché tellement qu'il ne peut regarder en haut. Finalement toute l'âme estant enveloppée, et comme empestrée en délices charnelles, cherche sa félicité en terre. Le Seigneur doncques pour obvier à ce mal enseigne ses serviteurs de la vanité de la vie présente, les exerçans assiduellement en diverses misères. Afin doncques qu'ils ne se promettent en la vie présente paix et repos, il permet qu'elle soit souvent inquiétée et molestée par guerres, tumultes, brigandages, ou autres injures. Afin qu'ils n'aspirent point d'une trop grande cupidité aux richesses caduques, ou acquiescent en celles qu'ils possèdent, il les rédige en indigence, maintenant par stérilité de terre, maintenant par feu, maintenant par autre façon : ou bien il les contient en médiocrité. Afin qu'ils ne prenent point trop de plaisir en mariage, ou il leur donne des femmes rudes et de mauvaise teste, qui les tormentent : ou il leur donne de mauvais enfans, pour les humilier : ou il les afflige en leur ostant femmes et enfans. S'il les traitte doucement en toutes ces choses : toutesfois afin qu'ils ne s'enorgueillissent point en vaine gloire, ou s'eslèvent en confiance désordonnée, il les advertit par maladies et dangers, et quasi leur met devant les yeux combien sont fragiles et de nulle durée tous les biens qui sont sujets à mortalité. Pourtant nous proufitons lors très-bien en la discipline de la croix, quand nous apprenons que la vie présente, si elle est estimée en soy, est plene d'inquiétude, de troubles, et du tout misérable, et n'est bien heureuse en nul endroict : que tous les biens d'icelle qu'on a en estime sont transitoires et incertains, frivoles et meslez avec misères infinies : et ainsi de cela nous concluons qu'il ne faut yci rien chercher ou espérer que bataille : quand il est question de nostre couronne, qu'il faut eslever les yeux au ciel, car c'est chose certaine, que jamais nostre cœur ne se dresse à bon escient à désirer et méditer la vie future, sans estre premièrement touché d'un contemnement de la vie terrienne.

Il n'y a nul moyen entre ces deux extrémitez : c'est qu'il faut que la terre nous soit en mespris, ou qu'elle nous tiene attachez en une amour intempérée de soy. Parquoy-si nous avons quelque soin d'immortalité, il nous faut diligemment efforcer à cela, que nous nous despestrions de ces mauvais liens. Or pource que la vie présente a tousjours force délices pour nous attraire, et a grande apparence d'aménité, de grâce et de douceur pour nous amieller, il nous est bien mestier d'estre retirez d'heure en heure, à ce que nous ne soyons point abusez, et comme ensorcelez de telles flatteries. Car qu'est-ce qu'il adviendroit, je vous prie, si nous jouissions yci d'une félicité perpétuelle, veu qu'estans picquez assiduellement de tant d'esperons, ne nous pouvons assez resveiller pour réputer nostre misère ? Non-seulement les gens sçavans cognoissent que la vie humaine est semblable à ombre ou fumée : mais c'est aussi un proverbe commun entre le populaire. Et pource qu'on voyoit que c'estoit une chose fort utile à cognoistre, on l'a célébrée par plusieurs belles sentences : et néantmoins il n'y a chose au monde que nous considérions plus négligemment, ou dont il nous souviene moins. Car nous faisons toutes nos entreprinses comme constituans nostre immortalité en terre. Si on ensevelit un mort, ou si nous sommes en un cymetière entre les sépulchres : pource que lors nous avons une image de mort devant les yeux, je confesse que lors nous philosophons très-bien de la fragilité de ceste vie. Combien encores que cela ne nous adviene pas toujours : car aucunesfois ces choses ne nous esmeuvent guères. Mais quand il advient, c'est une philosophie transitoire, laquelle s'esvanouit si tost que nous aions tourné le dos : tellement qu'il n'en reste nulle mémoire : brief elle s'escoule tout ainsi comme un cri de peuple en un théâtre. Car ayans oublié non-seulement la mort, mais aussi nostre condition mortelle, comme si jamais nous n'en eussions ouy parler, nous retombons en une folle confiance et trop asseurée de l'immortalité terrienne. Si quelqu'un cependant nous allègue le proverbe ancien, que l'homme est un animau d'un jour, nous le confessons bien : mais c'est tellement sans y penser, que ceste cogitation demeure tousjours fichée en nostre cœur, que nous avons yci à vivre perpétuellement. Qui est-ce doncques qui niera que ce nous est une chose très-nécessaire, je ne di point d'estre admonestez, mais aussi d'estre convaincus par tant d'expériences qu'il est possible, combien est la condition de l'homme malheureuse quant à la vie mondaine, veu qu'en estant convaincus, à grand'-

peine laissons-nous de l'avoir en telle admiration, que nous en sommes quasi tous estourdis, comme si elle contenoit en soy toute félicité ? Or s'il est mestier que le Seigneur nous instruise ainsi, nostre office est d'escouter ses remonstrances, par lesquelles il resveille nostre nonchalance, à ce que contemnant le monde, nous aspirions de tout nostre cœur à la méditation de la vie future.

Toutesfois les fidèles doyvent s'accoustumer à un tel contemnement de la vie présente, lequel n'engendre point une hayne d'icelle, ni ingratitude envers Dieu. Car combien que ceste vie soit plene de misères infinies, toutesfois à bon droict elle est nombrée entre les bénédictions de Dieu, lesquelles ne sont point à mespriser. Pourtant si nous ne recognoissons nulle grâce de Dieu en icelle, nous sommes coulpables d'une grande ingratitude. Singulièrement elle doit estre aux fidèles tesmoignage de la bénévolence du Seigneur, veu qu'elle est destinée du tout à advancer leur salut. Car le Seigneur, devant que nous révéler plenement l'héritage de la gloire immortelle, se veut déclairer Père à nous en choses moindres : asçavoir en ses bénéfices que nous recevons journellement de sa main. Puis doncques que ceste vie nous sert à entendre la bonté de Dieu, n'en tiendrons-nous conte comme si elle n'avoit nul bien en soy ? Parquoy il faut que nous ayons ce sentiment et affection, de la réputer estre don de la bénignité divine, lequel n'est point à refuser. Car quand les tesmoignages de l'Escriture défaudroyent, lesquels néantmoins ne défaillent pas, encores la nature mesme nous exhorte que nous devons rendre action de grâces à Dieu, d'autant qu'il nous a créé et mis en ce monde, d'autant qu'il nous y conserve et nous administre toutes choses nécessaires pour y consister. D'avantage, ceste raison est encores plus grande, si nous réputons qu'il nous y prépare à la gloire de son royaume. Car il a une fois ordonné que ceux qui doyvent estre couronnez au ciel, bataillent premièrement en terre : afin de ne point triompher jusques après avoir surmonté les difficultez de la guerre, et avoir obtenu victoire. Or l'autre raison a aussi son poids : c'est que nous commençons yci à gouster la douceur de sa bénignité en ses bénéfices, à ce que nostre espoir et désir soit incité à en appéter la pleine révélation. Après que nous aurons cela arresté, asçavoir que c'est un don de la clémence divine que la vie terrienne, pour lequel, comme nous luy sommes obligez, aussi qu'il nous en faut estre recognoissans : lors il sera temps de descendre à considérer la malheureuse condition d'icelle, afin de nous desvelopper de ceste trop grande cupidité : à laquelle (comme nous avons monstré) nous sommes enclins naturellement.

Or tout ce que nous osterons à l'amour désordonnée d'icelle, il faudra le transférer au désir de la vie céleste. Je confesse bien que ceux qui ont jugé que nostre souverain bien seroit de ne naistre jamais : le second, de mourir bien tost, ont eu bonne opinion selon leur sens humain. Car veu qu'ils estoyent Payens destituez de la lumière de Dieu, et de vraye religion, que pouvoyent-ils veoir en la vie terrienne, sinon toute povreté et horreur ? Ce n'estoit pas aussi sans raison que le peuple des Scythes pleuroit à la nativité de ses enfans : et quand quelqu'un de leurs parens mouroit, qu'ils s'en resjouissoyent et faisoyent feste solennelle : mais ils ne proufitoyent de rien en cela. Car pource que la vraye doctrine de foy leur défailloit, ils ne voyoyent point comment ce qui n'est ne bienheureux ne désirable de soy-mesme, tourne en salut aux fidèles. Par quoy la fin de leur jugement estoit désespoir. Que les serviteurs de Dieu doncques suyvent tousjours ce but, en estimant ceste vie mortelle : c'est que voyans qu'il n'y a que misère en icelle, ils soyent plus à délivre et plus dispos à méditer la vie future et éternelle. Quand ils seront venus à les comparer ensemble, lors non-seulement ils pourront passer légèrement la première, mais aussi la contemner, et ne l'avoir en nulle estime au pris de la seconde. Car si le ciel est nostre pais, qu'est-ce autre chose de la terre qu'un passage en terre estrange ? et selon qu'elle nous est maudite pour le péché, un exil mesme et bannissement ? Si le département de ce monde est une entrée à vie, qu'est-ce autre chose de ce monde qu'un sépulchre ? et demeurer en iceluy, qu'est-ce autre chose que d'estre plongez en la mort ? Si c'est liberté que d'estre délivré de ce corps, qu'est-ce autre chose du corps qu'une prison ? Et si nostre souveraine félicité est de jouir de la présence de Dieu, n'est-ce pas misère de n'en point jouir ? Or jusques à ce que nous sortions de ce monde, nous serons comme eslongnez de Dieu 2Cor.5.6. Parquoy si la vie terrienne est accomparée à la vie céleste, il n'y a doute qu'elle peut estre mesprisée, et quasi estimée comme fiente. Bien est vray que nous ne la devons jamais hayr, sinon d'autant qu'elle nous détient en sujétion de péché : combien encores que proprement cela ne lui est pas à imputer. Quoy qu'il en soit, si nous faut-il tellement en estre las ou faschez, qu'en désirant d'en veoir la fin, nous soyons cependant appareillez de demeurer en icelle, au bon plaisir de Dieu : afin que nostre ennuy soit loing de tout murmure et impatience. Car c'est comme une station en laquelle le Seigneur nous a colloquez, et en laquelle il nous faut demeurer jusques à tant qu'il nous en rappelle. Sainct Paul déplore bien sa condition, de ce qu'il est détenu comme lié en la prison de son corps plus long temps qu'il ne voudroit : et souspire d'un désir ardent qu'il a d'estre délivré [Rom.7.24]. Toutesfois pour obtempérer au vouloir de Dieu, il proteste qu'il est prest à l'un et à l'autre : pource qu'il se cognoissoit debteur de Dieu à glorifier son nom, fust par vie fust par mort [Phil.1.23]. Or c'est à faire au Seigneur de déterminer ce qui est expédient pour sa gloire. Parquoy s'il nous convient de vivre et mourir à luy, laissons à son bon plaisir tant nostre vie que nostre mort : tellement néantmoins que nous désirions tousjours nostre mort, et la méditons assiduellement, mesprisans ceste vie mortelle au pris de l'immortalité future, et désirans d'y renoncer toutesfois et quantes qu'il plaira au Seigneur, à cause qu'elle nous détient en servitude de péché.

Mais cela est une chose semblable à un monstre, que plusieurs qui se vantent d'estre Chrestiens, au lieu de désirer la mort l'ont en telle horreur, qu'incontinent qu'ils en oyent parler, ils tremblent comme si c'estoit le plus grand malheur qui leur peust advenir. Ce n'est point de merveille si le sens naturel est esmeu et estonné, quand nous oyons parler que nostre corps doit estre séparé de l'âme : mais cela n'est nullement tolérable, qu'il n'y ait point tant de lumière en un cœur chrestien, qu'elle puisse surmonter et opprimer ceste crainte telle quelle, par une plus grande consolation. Car si nous considérons que ce tabernacle de nostre corps, lequel est infirme, vicieux, corruptible, caduque, et tendant à pourriture, et de faict est quasi démoli, afin d'estre après restauré en une gloire parfaite, ferme, incorruptible, et céleste : la foy ne nous contraindra-elle point d'appeler ardemment ce que nature fuit et a en horreur ? Si nous pensons que par la mort nous sommes rappelez d'un misérable exil, afin d'habiter en nostre pais, voire nostre pais céleste, n'aurons-nous pas à concevoir une singulière consolation de cela ? Mais quelqu'un objectera, que toutes choses désirent de persister en leur estre. Je le confesse : et pour ceste cause je maintien qu'il nous faut aspirer à l'immortalité future, là où nous aurons une considération arrestée, laquelle n'apparoist nulle part en terre. Car sainct Paul enseigne très-bien les fidèles de marcher alaigrement à la mort : non pas comme s'ils vouloyent estre desvestus : mais pource qu'ils désirent estre encores mieux revestus [2Cor.5.2]. Est-ce raison que les bestes brutes, et mesmes les créatures insensibles, jusques au bois et pierres, ayans comme quelque sentiment de leur vanité et corruption, soyent en attente du jour du jugement pour estre délivrées d'icelle $^{\text{Rom.8.19}}$: nous au contraire, ayans premièrement quelque lumière de nature, d'avantage estans illuminez de l'Esprit de Dieu, quand il est question de nostre estre, n'eslevions point les yeux par-dessus ceste pourriture terrienne ? Mais ce n'est pas mon intention de disputer yci au long contre une si grande perversité. Et de faict, j'ay du commencement protesté, que je ne vouloye point yci traitter une chacune matière par forme d'exhortation. Je conseilleroye à telles gens d'un courage si timide, de lire le livre de sainct Cyprien, qu'il a intitulé, De la mortalité : n'estoit qu'ils sont dignes qu'on les renvoye aux Philosophes, ausquels ils trouveront un contemnement de mort qui leur devra faire honte. Toutesfois il nous faut tenir ceste maxime, que nul n'a bien proufité en l'eschole de Christ, sinon celuy qui attend en joye et liesse le jour de la mort, et de la dernière résurrection. Car sainct Paul descrit tous les fidèles par ceste marque $^{\text{Tite.2.13}}$: et l'Escriture a ceste coustume de nous rappeler là, quand elle nous veut proposer matière de resjouissance, Esjouissez-vous, dit le Seigneur, et levez la teste en haut, car vostre rédemption approche ^(Luc.21.28). Quel propos y a-il, je vous prie, que ce que Jésus-Christ a pensé estre propre à nous resjouir, n'engendre en nous sinon tristesse et estonnement ? Si ainsi est, pourquoy nous glorifions-nous d'estre ses disciples ? Retenons-nous donc en meilleur sens, et combien que la cupipidité de nostre chair, comme elle est aveugle et stupide, répugne, ne doutons point de souhaiter l'advénement du Seigneur comme une chose très-heureuse : et non-seulement par simple désir, mais jusques à gémir et souspirer après. Car il nous viendra Rédempteur pour nous introduire en l'héritage de sa gloire, après nous avoir retirez de ce gouffre de tous maux et misères.

Pour vray il est ainsi, c'est qu'il faut que tous fidèles, ce pendant qu'ils habitent en terre soyent comme brebis destinées à la boucherie ^(Rom.8.36), afin d'estre faits conformes à leur chef Jésus-Christ. Ils seroyent doncques désespérément malheureux, sinon qu'ils dressassent leur entendement en haut pour surmonter tout ce qui est au monde, et outrepasser le regard des choses présentes. Au contraire, s'ils ont une fois eslevé leurs pensées par-dessus les choses terriennes, quand ils verront les iniques fleurir en richesses et honneurs, estre en bon repos, avoir toutes choses à souhait, vivre en délices et pompes, voire mesmes quand ils seront traittez par iceux inhumainement, quand ils endureront contumélie, quand ils seront pillez ou affligez de quelque manière d'outrage que ce soit, encores leur sera-il facile de se reconforter en tels maux. Car ils auront tousjours devant les yeux ce jour dernier, auquel ils sçauront que le Seigneur doit recueillir ses fidèles au repos de son royaume, torcher les larmes de leurs yeux, les couronner de gloire, les vestir de liesse, les rassasier de la douceur infinie de ses délices, les exalter en sa hautesse, en somme, les faire participans de sa félicité $^{Esa.35.8\ ;\ Apoc.7.17}$. Au contraire, jetter en extrême ignominie les iniques qui se seront magnifiez en terre, changer leurs délices en horribles tormens, leur ris et joye en pleurs et grincement de dents, inquiéter leur repos par merveilleux troubles de conscience : en somme, les plonger au feu éternel, et les mettre à la sujétion des fidèles, lesquels ils auront mal traittez iniquement. Car ceste-ci est la justice (comme tesmoigne sainct Paul) de donner repos aux misérables et injustement affligez : et rendre affliction aux meschans, qui affligent les bons, en ceste journée-là que le Seigneur Jésus sera révélé du ciel $^{2Thess.1.6\text{-}7}$. Voylà certes nostre consolation unique : laquelle ostée, ou il nous sera nécessaire de perdre courage, ou bien nous flatter et amieller par soulas vains et frivoles qui nous tourneront en ruine. Car le Prophète mesme confesse qu'il a vacillé, et que ses pieds sont quasi glissez ce pendant qu'il s'arrestoit trop à réputer la félicité présente des iniques : et qu'il n'a peu consister jusques à ce qu'il a réduit sa cogitation à contempler le sanctuaire de Dieu, c'est-à-dire, à considérer quelle sera une fois la fin des bons et iniques. Pour conclurre en un mot, je di que la croix de Christ lors finalement triomphe dedans les cœurs des fidèles, à l'encontre du diable, de la chair, du péché, de la mort et des iniques, s'ils convertissent pareillement les yeux à regarder la puissance de sa résurrection.

Chapitre 5
Comment il faut user de la vie présente, et ses aides.

Par ceste mesme leçon l'Escriture nous instruit aussi bien quel est le droict usage des biens terriens : laquelle chose n'est pas à négliger, quand il est question de bien ordonner nostre vie. Car si nous avons à vivre, il nous faut aussi user des aides nécessaires à la vie. Et mesmes nous ne nous pouvons abstenir des choses qui semblent plus servir à plaisir qu'à nécessité. Il faut doncques tenir quelque mesure, à ce que nous en usions en pure et saine conscience, tant pour nostre nécessité comme pour nostre délectation. Ceste mesure nous est monstrée de Dieu, quand il enseigne que la vie présente est à ses serviteurs comme un pèlerinage par lequel ils tendent au royaume céleste. S'il nous faut seulement passer par la terre, il n'y a doute que nous devons tellement user des biens d'icelle, qu'ils advancent plustost nostre course qu'ils ne la retardent. Parquoy sainct Paul n'admoneste point sans cause qu'il nous faut user de ce monde-ci, ne plus ne moins que si nous n'en usions point, et qu'il nous faut acheter les héritages et possessions de telle affection comme on les vend 1Cor.7.30-31. Mais pource que ceste matière est scrupuleuse, et qu'il y a danger de tomber tant en une extrémité qu'en l'autre, advisons de donner certaine doctrine, en laquelle on se puisse seurement résoudre. Il y en a d'aucuns bons personnages et saincts, lesquels voyans l'intempérance des hommes se desborder tousjours comme à bride avallée, sinon qu'elle soit restreinte avec sévérité, voulans d'autre part corriger un si grand mal, n'ont permis à l'homme d'user des biens corporels, sinon entant qu'il seroit requis pour sa nécessité. Ce qu'ils ont fait, pource qu'ils ne voyoyent point d'autre remède. Leur conseil procédoit bien d'une bonne affection, mais ils y sont allez d'une trop grande rigueur. Car ils ont fait une chose fort dangereuse : c'est qu'ils ont lié les consciences plus estroitement qu'elles n'estoyent liées par la Parole de Dieu. Car ils déterminent que nous servons à la nécessité, nous abstenans de toute chose dont on se puisse passer. Parquoy si on les vouloit croire, à grand'peine seroit-il licite de rien adjouster au pain bis et à l'eau. Il y a eu encores plus d'austérité en quelques-uns, comme on récite de Cratès, citoyen de Thèbes, lequel jetta ses richesses en la mer estimant que si elles ne périssoyent, luy-mesme estoit perdu. Au contraire, il y en a aujourd'huy plusieurs, lesquels voulans chercher couleur pour excuser toute intempérance en l'usage des choses externes, et lascher la bride à la chair, laquelle n'est autrement que trop prompte à se desborder, prenent un article pour résolu, que je ne leur accorde pas : c'est qu'il ne faut restreindre ceste liberté par aucune modération : mais plustost qu'on doit permettre à la conscience d'un chacun, d'en user comme elle verra estre licite. Je confesse bien que nous ne devons ne pouvons astreindre les consciences en cest endroict à certaines formules et préceptes : mais puis que l'Escriture baille reigles générales de l'usage légitime, pourquoy ne sera-il compassé et comme borné selon icelles.

Pour le premier point il nous faut tenir cela, que l'usage des dons de Dieu n'est point desreiglé, quand il est réduit à la fin à laquelle Dieu nous les a créez et destinez : veu qu'il les a créez pour nostre bien, et non pas pour nostre dommage. Parquoy nul ne tiendra plus droicte voye, que celuy qui regardera diligemment ceste fin. Or si nous réputons à quelle fin Dieu a créé les viandes, nous trouverons qu'il n'a pas seulement voulu pourvoir à nostre nécessité, mais aussi à nostre plaisir et récréation. Ainsi aux vestemens, outre la nécessité, il a regardé ce qui estoit honneste et décent. Aux herbes, arbres et fruits, outre les diverses utilitez qu'il nous en donne, il a voulu resjouir la veue par leur beauté, et nous donner encores un autre plaisir en leur odeur. Car si cela n'estoit vray, le Prophète ne raconteroit point entre les bénéfices de Dieu, que le vin resjouit le cœur de l'homme, et l'huile fait reluire sa face ^(Psa.104.15). L'Escriture ne feroit point mention çà et là, pour recommander la bénignité de Dieu, qu'il a fait tous ces biens à l'homme. Et mesmes les bonnes qualitez de toutes choses de nature, nous monstrent comment nous en devons jouir, et à quelle fin, et jusques à quel point. Pensons-nous que nostre Seigneur eust donné une telle beauté aux fleurs, laquelle se représentast à l'œil, qu'il ne fust licite d'estre touché de quelque plaisir en la voyant ? Pensons-nous qu'il leur eust donné si bonne odeur, qu'il ne voulust bien que l'homme se délectast à flairer ? D'avantage, n'a-il pas tellement distingué les couleurs, que les unes ont plus de grâce que les autres ?

N'a-il pas donné quelque grâce à l'or, à l'argent, à l'yvoire et au marbre, pour les rendre plus précieux et nobles que les autres métaux et pierres ? Finalement, ne nous a-il pas donné beaucoup de choses, lesquelles nous devons avoir en estime sans qu'elles nous soyent nécessaires ?

Laissons là doncques ceste philosophie inhumaine, laquelle ne concédant à l'homme aucun usage des créatures de Dieu, sinon pour sa nécessité, non-seulement nous prive sans raison du fruit licite de la bénéficence divine : mais aussi ne peut avoir lieu, sinon qu'ayant despouillé l'homme de tout sentiment, elle le rende semblable à un tronc de bois. Mais aussi de l'autre costé, il ne faut pas moins diligemment aller au-devant de la concupiscence de nostre chair, laquelle se desborde sans mesure, si elle n'est tenue sous bride. D'avantage, il y en a d'aucuns (comme j'ay dit) qui sous couverture de liberté luy concèdent toutes choses. Il la faut doncques brider premièrement de ceste reigle : c'est que tous les biens que nous avons, nous ont esté créez afin que nous en recognoissions l'autheur et magnifiions sa bénignité par action de grâces. Or où sera l'action de grâces, si par gourmandise tu te charges tellement de vin et de viandes, que tu en devienes stupide, et sois rendu inutile à servir Dieu, et faire ce qui est de ta vocation ? Où est la recognoissance de Dieu, si la chair estant incitée par trop grande abondance à vilenes concupiscences, infecte l'entendement de son ordure, jusques à l'aveugler, et luy oster la discrétion du bien et du mal ? Comment remercierons-nous Dieu de ce qu'il nous donne les habillemens que nous portons, s'il y a une somptuosité laquelle nous face enorgueillir et mespriser les autres ? s'il y a une braveté laquelle nous soit instrument pour nous servir à paillardise ? comment di-je, recognoistrons-nous nostre Dieu, si nous avons les yeux fichez à contempler la magnificence de nos habits ? Car plusieurs assujetissent tous leurs sens à délices, en telle sorte que leur esprit y est ensevely. Plusieurs se délectent tellement en or, marbre et peintures, qu'ils en devienent comme pierres, qu'ils sont comme transfigurez en métaux, et semblables à des idoles. Le flair de la cuisine en ravit tellement d'aucuns, qu'ils en sont hébétez pour ne rien appréhender de spirituel. Autant en peut-on dire de toutes autres espèces. Il appert doncques que par ceste considération, la licence d'abuser des dons de Dieu est desjà aucunement restreinte, et que ceste reigle de sainct Paul est confermée, de ne point avoir soin de nostre chair pour complaire à ses cupiditez [Rom.13.14] : ausquelles si on pardonne trop, elles jettent de terribles bouillons sans mesure.

Mais il n'y a point de voye plus certaine ne plus courte, que quand l'homme est ramené à contemner la vie présente, et méditer l'immortalité céleste. Car de là s'ensuyvent deux reigles. La première est, que ceux qui usent de ce monde, y doyvent avoir aussi peu d'affection comme s'ils n'en usoyent point : ceux qui se marient, comme s'ils ne se marioyent point ; ceux qui achètent, comme s'ils n'avoyent rien, selon le précepte de sainct Paul [1Cor.7.29-31]. L'autre, que nous apprenions de porter aussi patiemment et d'un cœur autant paisible, povreté, comme d'user modérément d'abondance. Celuy qui commande d'user de ce monde comme n'en usant point, non-seulement retranche toute intempérance en boire et en manger, toutes délices, trop grande ambition, orgueil, mescontentement importun, tant en édifices comme en vestemens et façon de vivre : mais aussi corrige toute solicitude et affection laquelle destourne ou empesche de penser à la vie céleste, et parer nostre âme de ses vrais ornemens. Or cela a esté vrayement dit anciennement de Caton, que là où il y a grand soin de braveté, il y a grande négligence de vertu : comme aussi le proverbe ancien porte, que ceux qui s'occupent beaucoup à traitter mollement et parer leurs corps ne se soucient guères de leur âme. Parquoy combien que la liberté des fidèles es choses extérieures ne se doyve restreindre à certaines formules, toutesfois elle est sujette à ceste loy, asçavoir, qu'ils ne se permettent que le moins qu'il leur sera possible. Au contraire qu'ils soyent vigilans à retrancher toute superfluité et vain appareil d'abondance, tant s'en faut qu'ils doyvent estre intempérans : et qu'ils se gardent diligemment de se faire des empeschemens des choses qui leur doyvent estre en aide.

L'autre reigle sera, que ceux qui sont en povreté, apprenent de se passer patiemment de ce qui leur défaut, de peur d'estre tormentez de trop grande solicitude. Ceux qui peuvent observer ceste modération, n'ont pas petitement proufité en l'eschole du Seigneur. Comme d'autre part, celuy qui n'a rien proufité en cest endroict, à grand'peine pourra-il rien avoir en quoy il s'approuve disciple de Christ. Car outre ce que plusieurs autres vices suyvent la cupidité des choses terriennes, il advient quasi tousjours que celuy qui endure impatiemment povreté, monstre un vice contraire en abondance. Par cela j'enten que celuy qui aura honte d'une meschante robbe, se glorifiera en une précieuse : celuy qui n'estant point content d'un maigre repas, se tormentera du désir d'un meilleur, ne se pourra point contenir en sobriété, quand il se trouvera en bon appareil : celuy qui ne se pourra tenir en basse condition ou privée, mais en sera molesté et fasché, ne se pourra pas garder d'orgueil et arrogance s'il parvient à quelques honneurs. Parquoy tous ceux qui veulent servir à Dieu sans feintise, se doyvent estudier, à l'exemple de l'Apostre, de pouvoir porter abondance et indigence [Phil.4.12] : c'est de se tenir modérément en abondance, et avoir bonne patience en povreté. L'Escriture a encores une troisième reigle pour modérer l'usage des choses terriennes : de laquelle nous avons briefvement touché en traittant les préceptes de charité. Car elle monstre que toutes choses nous sont tellement données par la bénignité de Dieu, et destinées à nostre utilité, qu'elles sont comme un dépost dont il nous faudra une fois rendre conte. Pourtant il nous les faut dispenser en telle sorte, qne nous ayons tousjours mémoire de ceste sentence, qu'il nous faut rendre conte de tout ce que nostre Seigneur nous a baillé en charge. D'avantage, nous avons à penser qui c'est qui nous appelle à conte, asçavoir Dieu, lequel comme il nous a tant recommandé abstinence, sobriété, tempérance et modestie, aussi il a en exécration toute intempérance, orgueil, ostentation et vanité : auquel nulle dispensation n'est approuvée, sinon celle qui est compassée à charité : lequel desjà a condamné de sa bouche toutes délices, dont le cœur de l'homme est destourné de chasteté et pureté, ou son entendement rendu stupide.

Nous avons aussi à observer diligemment, que Dieu commande à un chacun de nous, de regarder sa vocation en tous les actes de sa vie. Car il cognoist combien l'entendement de l'homme brusle d'inquiétude, de quelle légèreté il est porté çà et là, et de quelle ambition et cupidité il est solicité à embrasser plusieurs choses diverses tout ensemble. Pourtant de peur que nous ne troublissions toutes choses par nostre folie et témérité, Dieu distinguant ces estats et manière de vivre, a ordonné à un chacun ce qu'il auroit à faire. Et afin que nul n'outrepassast légèrement ses limites, il a appelé telles manières de vivre, Vocations. Chacun doncques doit réputer à son endroict que son estat luy est comme une station assignée de Dieu, à ce qu'il ne voltige et circuisse çà et là inconsidérément tout le cours de sa vie. Or ceste distinction est tant nécessaire, que toutes nos œuvres sont estimées devant Dieu par icelle : et souventesfois autrement que ne porte le jugement de la raison humaine, ou philosophique. Non-seulement le commun, mais les philosophes réputent que c'est l'acte le plus noble et excellent qu'on sçauroit faire, que de délivrer son pays de tyrannie. Au contraire, tout homme privé qui aura violé un tyran, est apertement condamné par la voix de Dieu. Toutesfois je ne me veux pas arrester à réciter tous les exemples qu'on pourroit alléguer : il suffit que nous cognoissions la vocation de Dieu nous estre comme un principe et fondement de nous bien gouverner en toutes choses : et que celuy qui ne se rangera à icelle, jamais ne tiendra le droict chemin pour deuement s'acquitter de son office. Il pourra bien faire quelque acte aucunesfois louable en apparence extérieure : mais il ne sera point accepté au throne de Dieu, quelque estime qu'il ait devant les hommes. D'avantage, si nous avons nostre vocation comme une reigle perpétuelle, il n'y aura point de certaine tenue ne correspondance entre les parties de nostre vie. Pourtant celuy qui aura addressé sa vie à ce but, l'aura très-bien ordonnée : pource que nul n'osera attenter plus que sa vocation ne porte, et ne se laissera pousser de sa propre témérité, sçachant bien qu'il ne luy est loisible de passer ses bornes. Celuy qui sera de petite estime, se contentera néantmoins paisiblement de sa condition, de peur de sortir du degré auquel Dieu l'aura colloqué. Ce sera aussi un allégement bien grand en tous soins, travaux, fascheries et autres charges, quand chacun sera persuadé que Dieu luy est guide et conducteur à cela. Les Magistrats s'employeront plus volontiers à leur charge : un Père de famille se contraindra à faire son devoir de meilleur courage : brief, chacun se portera plus patiemment en son estat, et surmontera les peines, solicitudes, chagrins et angoisses qui y sont, quand tous seront bien résolus que nul ne porte autre fardeau, sinon celuy que Dieu luy a mis sur les espaules. De là il nous reviendra une singulière consolation : c'est qu'il n'y aura œuvre si mesprisée, ne sordide, laquelle ne reluise devant Dieu, et ne soit fort précieuse, moyennant qu'en icelle nous servions à nostre vocation.

Citations bibliques

Genèse

21:1 : Et l'Éternel visita Sara comme il avait dit, et l'Éternel fit à Sara comme il en avait parlé.

21:12 : Et Dieu dit à Abraham: Que cela ne soit pas mauvais à tes yeux à cause de l'enfant, et à cause de ta servante. Dans tout ce que Sara t'a dit, écoute sa voix: car en Isaac te sera appelée une semence.

Exode

22:29 : Tu ne différeras point à m'offrir de

l'abondance de ton grenier et de ce qui coule de ton pressoir. Le premier-né de tes fils, tu me le donneras.

23:19 : Tu apporteras à la maison de l'Éternel, ton Dieu, les prémices des premiers fruits de ta terre. -Tu ne cuiras pas le chevreau dans le lait de sa mère

Lévitique

19:1 : Et l'Éternel parla à Moïse, disant:

Deutéronome

32:15 : Mais Jeshurun s'est engraissé, et a regimbé: tu es devenu gras, gros, replet; et il a abandonné le Dieu qui l'a fait, et il a méprisé le Rocher de son salut.

Psaumes

15:1-2 : Éternel, qui séjournera dans ta tente? qui demeurera en ta montagne sainte? 2Celui qui marche dans l'intégrité, et qui fait ce qui est juste, et qui parle la vérité de son coeur;

. . .

16:2-3 : Tu as dit à l'Éternel: Tu es le Seigneur, ma bonté ne s'élève pas jusqu'à toi. Tu as dit aux saints qui sont sur la terre, et aux excellents: En eux sont toutes mes délices.

24:3-4 : Qui est-ce qui montera en la montagne de l'Éternel? et qui se tiendra dans le lieu de sa sainteté? Celui qui a les mains innocentes et le coeur pur, qui n'élève pas son âme à la vanité, et ne jure pas avec fausseté.

30:6-7 : Et moi, j'ai dit dans ma prospérité: Je ne serai jamais ébranlé. Éternel! par ta faveur, tu as donné la stabilité et la force à ma montagne...; tu as caché ta face, j'ai été épouvanté.

73:3-4 : Car j'ai porté envie aux arrogants, en voyant la prospérité des méchants. Car il n'y a pas de tourments dans leur mort, et leur corps est gras;

. . .

79:13 : Mais nous, ton peuple et le troupeau de ta pâture, nous te célébrerons à toujours; de génération en génération nous raconterons ta louange.

104:15 : Et le vin qui réjouit le coeur de l'homme, faisant reluire son visage avec l'huile; et avec le pain il soutient le coeur de l'homme.

131:1-2 : Éternel! mon coeur n'est pas hautain, et mes yeux ne s'élèvent pas; et je n'ai pas marché en des choses trop grandes et trop merveilleuses pour moi. N'ai-je pas soumis et fait taire mon âme, comme un enfant sevré auprès de sa mère? Mon âme est en moi comme l'enfant sevré.

Proverbes

3:11-12 : Mon fils, ne méprise pas l'instruction de l'Éternel, et n'aie pas en aversion sa réprimande; car celui que l'Éternel aime, il le discipline, comme un père le fils auquel il prend plaisir.

Ésaïe

35:8 : Et il y aura là une grande route et un chemin, et il sera appelé le chemin de la sainteté: l'impur n'y passera pas, mais il sera pour ceux-là. Ceux qui vont ce chemin, même les insensés, ne s'égareront pas.

58:7 : N'est-ce pas que tu partages ton pain avec celui qui a faim, et que tu fasses entrer dans la maison les affligés qui errent sans asile? quand tu vois un homme nu, que tu le couvres, et que tu ne te caches pas à ta propre chair?

Malachie

1:6 : Un fils honore son père, et un serviteur, son maître. Si donc je suis père, où est mon honneur? et si je suis maître, où est la crainte qui m'est due? dit l'Éternel des armées, à vous, sacrificateurs, qui méprisez mon nom. Et vous dites: En quoi avons-nous méprisé ton nom?

Matthieu

Matt.3.17 : Et voici une voix qui venait des cieux, disant: Celui-ci est mon fils bien-aimé, en qui j'ai trouvé mon plaisir.

5:4 : bienheureux les débonnaires, car c'est eux qui hériteront de la terre;

5:10 : bienheureux ceux qui sont persécutés à cause de la justice, car c'est à eux qu'est le royaume des cieux.

5:44 : Mais moi, je vous dis: Aimez vos ennemis, bénissez ceux qui vous maudissent, faites du bien à ceux qui vous haïssent, et priez pour ceux qui vous font du tort et vous persécutent,

6:2 : Quand donc tu fais l'aumône, ne fais pas sonner la trompette devant toi, comme font les hypocrites dans les synagogues et dans les rues, pour être glorifiés par les hommes. En vérité, je vous dis: ils ont leur récompense!

6:14 : Car si vous pardonnez aux hommes leurs fautes, votre Père céleste vous pardonnera aussi à vous;

16:24 : Alors Jésus dit à ses disciples: Si quelqu'un veut venir après moi, qu'il se renonce soi-même, et qu'il prenne sa croix, et me suive:

17:5 : Comme il parlait encore, voici, une nuée

lumineuse les couvrit; et voici une voix de la nuée, disant: Celui-ci est mon fils bien-aimé, en qui j'ai trouvé mon plaisir; écoutez-le.

18:35 : Ainsi aussi mon Père céleste vous fera, si vous ne pardonnez pas de tout votre coeur, chacun à son frère.

21:31 : Lequel des deux fit la volonté du père? Ils lui disent: le premier. Jésus leur dit: En vérité, je vous dis que les publicains et les prostituées vous devancent dans le royaume de Dieu.

26:38 : Alors il leur dit: Mon âme est saisie de tristesse jusqu'à la mort; demeurez ici et veillez avec moi.

Luc

17:3 : Prenez garde à vous-mêmes. Si ton frère pèche, reprends-le, et s'il se repent, pardonne-lui;

21:28 : Et quand ces choses commenceront à arriver, regardez en haut, et levez vos têtes, parce que votre rédemption approche.

22:44 : Et étant dans l'angoisse du combat, il priait plus instamment; et sa sueur devint comme des grumeaux de sang découlant sur la terre.

Jean

15:3 : Vous, vous êtes déjà nets, à cause de la parole que je vous ai dite.

16:20 : En vérité, en vérité, je vous dis, que vous, vous pleurerez et vous vous lamenterez, et le monde se réjouira; et vous, vous serez dans la tristesse; mais votre tristesse sera changée en joie.

21:18 : En vérité, en vérité, je te dis: Quand tu étais jeune, tu te ceignais, et tu allais où tu voulais; mais quand tu seras devenu vieux, tu étendras les mains, et un autre te ceindra, et te conduira où tu ne veux pas.

Actes

5:41 : Eux donc se retiraient de devant le sanhédrin en se réjouissant d'avoir été estimés dignes de souffrir des opprobres pour le nom;

14:22 : fortifiant les âmes des disciples, les exhortant à persévérer dans la foi, et les avertissant que c'est par beaucoup d'afflictions qu'il nous faut entrer dans le royaume de Dieu.

Romains

5:4 : et la patience l'expérience, et l'expérience l'espérance;

6:1-4 : Que dirons-nous donc? Demeurerions-nous dans le péché afin que la grâce abonde? Qu'ainsi n'advienne! Nous qui sommes morts au péché, comment vivrons-nous encore dans le péché? Ignorez-vous que nous tous qui avons été baptisés pour le Christ Jésus, nous avons été baptisés pour sa mort? Nous avons donc été ensevelis avec lui par le baptême, pour la mort, afin que comme Christ a été ressuscité d'entre les morts par la gloire du Père, ainsi nous aussi nous marchions en nouveauté de vie.

6:18 : Mais ayant été affranchis du péché, vous avez été asservis à la justice

7:24 : Misérable homme que je suis, qui me délivrera de ce corps de mort?

8:19 : Car la vive attente de la création attend la révélation des fils de Dieu.

8:29 : Car ceux qu'il a préconnus, il les a aussi prédestinés à être conformes à l'image de son Fils, pour qu'il soit premier-né entre plusieurs frères.

8:36 : Selon qu'il est écrit: "Pour l'amour de toi,

nous sommes mis à mort tout le jour; nous avons été estimés comme des brebis de tuerie".

12:1 : Je vous exhorte donc, frères, par les compassions de Dieu, à présenter vos corps en sacrifice vivant, saint, agréable à Dieu, ce qui est votre service intelligent.

12:2 : Et ne vous conformez pas à ce siècle; mais soyez transformés par le renouvellement de votre entendement, pour que vous discerniez quelle est la volonté de Dieu, bonne et agréable et parfaite.

12:10 : quant à l'amour fraternel, soyez pleins d'affection les uns pour les autres; quant à l'honneur, étant les premiers à le rendre aux autres;

13:14 : Mais revêtez le Seigneur Jésus Christ, et ne prenez pas soin de la chair pour satisfaire à ses convoitises.

14:8 : mais soit que nous vivions, nous vivons ayant égard au Seigneur, soit que nous mourions, nous mourons ayant égard au Seigneur; soit donc que nous vivions, soit que nous mourions, nous sommes du Seigneur.

1 Corinthiens

3:16 : Ne savez-vous pas que vous êtes le

temple de Dieu et que l'Esprit de Dieu habite en vous?

4:7 : Car qui est-ce qui met de la différence entre toi et un autre? Et qu'as-tu, que tu n'aies reçu? Et si aussi tu l'as reçu, pourquoi te glorifies-tu, comme si tu ne l'avais pas reçu?

6:11 : Et quelques-uns de vous, vous étiez tels; mais vous avez été lavés, mais vous avez été sanctifiés, mais vous avez été justifiés au nom du Seigneur Jésus, et par l'Esprit de notre Dieu.

6:15 : Ne savez-vous pas que vos corps sont des membres de Christ? Prendrai-je donc les membres du Christ pour en faire les membres d'une prostituée? Qu'ainsi n'advienne!

6:17 : mais celui qui est uni au Seigneur est un seul esprit avec lui.

7:29 : Or je dis ceci, frères: le temps est difficile: au reste, c'est pour que ceux même qui ont une femme soient comme n'en ayant pas;

7:30-31 : et ceux qui pleurent, comme ne pleurant pas; et ceux qui se réjouissent, comme ne se réjouissant pas; et ceux qui achètent, comme ne possédant pas; et ceux qui usent du monde, comme n'en usant pas à leur gré; car la figure de ce monde passe.

11:32 : Mais quand nous sommes jugés, nous

sommes châtiés par le Seigneur, afin que nous ne soyons pas condamnés avec le monde.

12:12 : Car de même que le corps est un et qu'il a plusieurs membres, mais que tous les membres du corps, quoiqu'ils soient plusieurs, sont un seul corps, ainsi aussi est le Christ.

13:4 : L'amour use de longanimité; il est plein de bonté; l'amour n'est pas envieux; l'amour ne se vante pas; il ne s'enfle pas d'orgueil;

2 Corinthiens

4:8-9 : étant dans la tribulation de toute manière, mais non pas réduits à l'étroit; dans la perplexité mais non pas sans ressource; 9persécutés, mais non pas abandonnés; abattus, mais ne périssant pas;

5:2 : Car aussi, dans cette tente, nous gémissons, désirant avec ardeur d'avoir revêtu notre domicile qui est du ciel,

5:6 : Nous avons donc toujours confiance, et nous savons qu'étant présents dans le corps, nous sommes absents du Seigneur,

6:8 : dans la gloire et dans l'ignominie, dans la mauvaise et dans la bonne renommée; comme séducteurs, et véritables;

6:16 : et quelle convenance y a-t-il entre le temple de Dieu et les idoles? Car vous êtes le temple du Dieu vivant, selon ce que Dieu a dit: "J'habiterai au milieu d'eux, et j'y marcherai, et je serai leur Dieu, et eux seront mon peuple".

9:12 : Parce que l'administration de cette charge, non seulement comble les besoins des saints, mais aussi abonde par beaucoup d'actions de grâces rendues à Dieu;

Galates

2:20 : Je suis crucifié avec Christ; et je ne vis plus, moi, mais Christ vit en moi; -et ce que je vis maintenant dans la chair, je le vis dans la foi, la foi au fils de Dieu, qui m'a aimé et qui s'est livré lui-même pour moi.

6:10 : Ainsi donc, comme nous en avons l'occasion, faisons du bien à tous, mais surtout à ceux de la maison de la foi.

Ephésiens

4:20-21-22-23-24 : Mais vous n'avez pas ainsi appris le Christ, 21si du moins vous l'avez entendu et avez été instruits en lui selon que la vérité est en Jésus: c'est-à-dire, pour ce qui est de la conversation précédente, d'avoir dépouillé le vieil homme qui se corrompt selon les convoitises trompeuses, et d'être renouvelés dans l'esprit de votre entendement, et d'avoir revêtu le nouvel homme, créé selon Dieu, en justice et sainteté de la vérité.

5:1-2-3 : Soyez donc imitateurs de Dieu comme de bien-aimés enfants, et marchez dans l'amour, comme aussi le Christ nous a aimés et s'est livré lui-même pour nous comme offrande et sacrifice à Dieu, en parfum de bonne odeur. Mais que ni la fornication, ni aucune impureté ou cupidité, ne soient même nommées parmi vous, comme il convient à des saints;

5.23 : parce que le mari est le chef de la femme, comme aussi le Christ est le chef de l'assemblée, lui, le sauveur du corps.

5:26 : afin qu'il la sanctifiât, en la purifiant par le lavage d'eau par la parole;

Philippiens

1:20-24 : selon ma vive attente et mon espérance que je ne serai confus en rien, mais qu'avec toute hardiesse, maintenant encore comme toujours, Christ sera magnifié dans mon corps, soit par la vie, soit par la mort. Car pour moi, vivre c'est Christ; et mourir, un gain; mais si je dois vivre dans la chair, il en vaut bien la peine; et ce que je dois choisir, je n'en sais rien; mais je suis pressé des deux côtés, ayant le désir de déloger et d'être avec Christ, car cela est de beaucoup meilleur; mais il est plus nécessaire à cause de vous que je demeure dans la chair.

2:3 : Que rien ne se fasse par esprit de parti, ou par vaine gloire; mais que, dans l'humilité, l'un estime l'autre supérieur à lui-même,

3.10 : pour le connaître, lui, et la puissance de sa résurrection, et la communion de ses souffrances, étant rendu conforme à sa mort,

4:12 : Je sais être abaissé, je sais aussi être dans l'abondance; en toutes choses et à tous égards, je suis enseigné aussi bien à être rassasié qu'à avoir faim, aussi bien à être dans l'abondance qu'à être dans les privations.

Colossiens

3:1-2 : Si donc vous avez été ressuscités avec le Christ, cherchez les choses qui sont en haut, où le Christ est assis à la droite de Dieu; pensez aux choses qui sont en haut, non pas à celles qui sont sur la terre;

1 Thessaloniciens

5:23 : Or le Dieu de paix lui-même vous sanctifie entièrement; et que votre esprit, et votre âme, et votre corps tout entiers, soient conservés sans reproche en la venue de notre Seigneur Jésus Christ.

2 Thessaloniciens

1:6-7 : si du moins c'est une chose juste devant Dieu que de rendre la tribulation à ceux qui vous font subir la tribulation, et que de vous donner, à vous qui subissez la tribulation, du repos avec nous dans la révélation du Seigneur Jésus du ciel avec les anges de sa puissance,

1 Timothée

4:10 : car c'est pour cela que nous travaillons et que nous sommes dans l'opprobre, parce que nous espérons dans le Dieu vivant qui est le conservateur de tous les hommes, spécialement des fidèles.

2 Timothée

4:18 : Le Seigneur me délivrera de toute mauvaise oeuvre et me conservera pour son royaume céleste. A lui la gloire, aux siècles des siècles! Amen.

Tite

2:11-14 : Car la grâce de Dieu qui apporte le salut est apparue à tous les hommes, nous enseignant que, reniant l'impiété et les convoitises mondaines, nous vivions dans le présent siècle sobrement, et justement, et pieusement, attendant la bienheureuse espérance et l'apparition de la gloire de notre grand Dieu et Sauveur Jésus Christ, qui s'est donné lui-même pour nous, afin qu'il nous rachetât de toute iniquité et qu'il purifiât pour lui-même un peuple acquis, zélé pour les bonnes oeuvres.

Hébreux

5:8 : quoiqu'il fût Fils, a appris l'obéissance par les choses qu'il a souffertes;

12:8 : Mais si vous êtes sans la discipline à laquelle tous participent, alors vous êtes des bâtards et non pas des fils.

13:16 : Mais n'oubliez pas la bienfaisance, et de faire part de vos biens, car Dieu prend plaisir à de tels sacrifices.

1 Pierre

1:7 : afin que l'épreuve de votre foi, bien plus précieuse que celle de l'or qui périt et qui toutefois est éprouvé par le feu, soit trouvée tourner à louange, et à gloire, et à honneur, dans la révélation de Jésus Christ,

1:15 : mais comme celui qui vous appelés est saint, vous aussi soyez saints dans toute votre conduite;

1:16 : parce qu'il est écrit: "Soyez saints, car moi je suis saint".

1:19 : mais par le sang précieux de Christ, comme d'un agneau sans défaut et sans tache,

4:11 : Si quelqu'un parle, qu'il le fasse comme oracle de Dieu; si quelqu'un sert, qu'il serve comme par la force que Dieu fournit, afin qu'en toutes choses Dieu soit glorifié par Jésus Christ, à qui est la gloire et la puissance, aux siècles des siècles! Amen.

4:14 : Si vous êtes insultés pour le nom de Christ, vous êtes bienheureux, car l'Esprit de gloire et de Dieu repose sur vous: de leur part, il est blasphémé, mais quant à vous, glorifié.

1 Jean

3:1 : Voyez de quel amour le Père nous a fait don, que nous soyons appelés enfants de Dieu; c'est pourquoi le monde ne nous connaît pas, parce qu'il ne l'a pas connu.

3:3 : Et quiconque a cette espérance en lui, se purifie, comme lui est pur.

Apocalypse

7:17 : parce que l'Agneau qui est au milieu du trône les paîtra et les conduira aux fontaines des eaux de la vie, et Dieu essuiera toute larme de leurs yeux.

Copyright © 2023 par Alicia Editions

Couverture et mise en page : Canva.com, Alicia Ed.

Portrait de Jean Calvin par Titien

Ebook ISBN 978-2-38455-214-6

Livre Broché ISBN 978-2-38455-215-3

Tous droits réservés

www.ingramcontent.com/pod-product-compliance
Lightning Source LLC
LaVergne TN
LVHW030951110526
838202LV00090BA/6314